© Jerry Bauer

Der 1949 in Oxford geborene Martin Amis war, nach dem Besuch von über dreizehn Schulen in England, Spanien und den USA, zeitweilig als Mitherausgeber der «The Times Literary Supplement» und von 1977–1979 als Literaturredakteur des «New Statesman» tätig. Seine bislang veröffentlichten vier Romane, (zuletzt «Money», 1984) und Erzählungen stießen auf große Resonanz. Für «The Rachel Papers» wurde Martin Amis mit dem ‹Somerset Maugham Award› (1974) ausgezeichnet.

«Martin Amis ist und bleibt der wirklich interessante Schriftsteller seiner Generation.»

DAILY MAIL

Martin Amis

Einsteins Ungeheuer

Träume im Schatten der Bombe

Aus dem Englischen
von Bernhard Robben

rororo
Rowohlt

rororo panther
herausgegeben von Alice Franck
Umschlaggestaltung Dieter Wiesmüller

Deutsche Erstausgabe
Veröffentlicht im Rowohlt Taschenbuch Verlag GmbH,
Reinbek bei Hamburg, September 1988

Die Originalausgabe erschien 1987 unter dem Titel
«Einstein's Monsters» bei Jonathan Cape Ltd., London

Gesetzt aus der Sabon (Linotron 202)
Gesamtherstellung Clausen & Bosse, Leck
Printed in Germany
880-ISBN 3 499 12403 3

Inhalt

für
Louis und Jacob

Anmerkung des Autors

Der einführende Essay «Die Denkbarkeit des Undenkbaren» ist polemisch, die nachfolgenden Geschichten wurden jedoch mit der üblichen Absicht geschrieben: also mit keiner Absicht – es sei denn, mit der Absicht, Vergnügen zu bereiten, die verschiedensten Arten eines komplizierten Vergnügens. Vorher hatte ich in sechzehn Jahren nur vier Kurzgeschichten geschrieben; die vorliegenden fünf entstanden sukzessive in den letzten zwei Jahren – und dann versiegte der Strom. Falls die Geschichten auch politische Reaktionen hervorrufen, um so besser. In dieser Diskussion, in diesem Glücksspiel, will ich meinen Einsatz wagen, wie wenig es auch sein mag, wie seltsam die Farben meiner Karten auch sein mögen, wie gering ihr Wert. *Einsteins Ungeheuer* übrigens meint die Kernwaffen, aber ebenso uns selbst. Wir sind *Einsteins Ungeheuer*, nicht ganz menschlich, noch nicht.

Kann ich die Gelegenheit nutzen und mich einiger Danksschuld entledigen – oder sie anerkennen? Manches aus *Bujak und die starke Kraft* verdanke ich Saul Bellow; aus *Einsichten am Flame Lake* Piers und Emily Read sowie Jack und Florence Phillips; aus *Die Zeitkrankheit* J. G. Ballard; aus *Jackajack, Du schaffst es* Franz Kafka und Vladimir Nabokov und aus *Die Unsterblichen* Jorge Luis Borges und dem Salman Rushdie des *Grimus*. Und vor allem bin ich Jonathan Schell für Bilder und Ideen dankbar. Ich weiß nicht, warum er auf diesem Gebiet unser bester Schriftsteller ist. Er ist vielleicht nicht der eleganteste Stilist, vielleicht auch nicht der kenntnisreichste Autor. Aber er ist der anständigste, und schreibt, denke ich, der Sache angemessen. Er ist moralisch genau; er ist unfehlbar.

M. A. *London* 1987

Einführung: Die Denkbarkeit des Undenkbaren

Ich wurde am 25. August 1949 geboren: vier Tage später testeten die Russen erfolgreich ihre erste Atombombe und die *Abschreckung* begann. So kam ich zu vier sorgenfreien Tagen, mehr als alle je hatten, die jünger sind als ich. Ich machte nicht unbedingt das beste aus ihnen. Die meiste Zeit lebte ich wie unter einer Glocke. Obwohl die Dinge noch gar nicht so schlecht standen, wurde ich im Zustand eines akuten Schocks geboren. Meine Mutter sagte, ich hätte ausgesehen wie Orson Welles bei einem Wutanfall. Am vierten Tag hatte ich mich erholt, aber die Welt hatte sich zum Schlechteren hin entwickelt. Sie war zu einer nuklearen Welt geworden. Um die Wahrheit zu sagen, ich fühlte mich gar nicht gut. Ich war schrecklich schläfrig und fiebrig. Ich kotzte ununterbrochen. Immer wieder hatte ich unkontrollierbare Heulkrämpfe... Als ich elf oder zwölf Jahre alt war, zeigten sie im Fernsehen Karten vom Südosten Englands mit den markierten Zielgebieten: die äußeren Ringe der umliegenden Grafschaften, im Zentrum London. Ich lief so schnell ich konnte aus dem Zimmer. Ich wußte nicht, warum es in meinem Leben Kernwaffen gab oder wer sie da hineingebracht hatte. Ich wußte nicht, was ich mit ihnen anfangen sollte. Ich wollte auch nicht über sie nachdenken. Sie machten mich krank.

Heute, 1987, achtunddreißig Jahre später, weiß ich immer noch nicht, was ich mit Kernwaffen anfangen soll. Keiner weiß es. Falls es Leute gibt, die es wissen, habe ich von ihnen noch nicht gelesen. Atomkrieg oder nukleare Abrüstung lauten die entgegengesetzten Alternativen. Einen Atomkrieg kann man sich kaum vorstellen, die nukleare Abrüstung ebensowenig. (Ein Atomkrieg ist nur rascher zur Hand.) Man *sieht* Abrüstung eigentlich nicht, oder? Einige Pläne für eine mögliche Abschaffung – ich denke zum Beispiel an Anthony Kennys ‹theoretische Abschreckung› und an Jonathan Schells ‹waffenlose Abschrekkung› – sind wunderbar elegant und verführerisch; aber diese Autoren haben eine politische Welt vor Augen, die so subtil, so verantwortlich und (vor allem) so harmonisch wie ihre eigenen einsamen Überlegungen ist. Der Atomkrieg ist sieben Minuten entfernt und vielleicht in einem Nachmittag vorbei. Wie weit ist die Abrüstung entfernt? Wir warten. Die Waffen warten.

Was wäre die einzige Provokation, die zur Anwendung von Kernwaffen führen könnte? Kernwaffen. Was ist das vorrangige Ziel für Kernwaffen? Kernwaffen. Was ist die einzige erwiesene Verteidigung gegen Kernwaffen? Kernwaffen. Wie verhindern wir den Einsatz von Kernwaffen? Indem wir drohen, Kernwaffen einzusetzen. Und wegen der Kernwaffen werden wir die Kernwaffen nicht los. Man könnte glauben, die Ausweglosigkeit sei eine Funktion der Waffen selbst. Kernwaffen können einen Menschen zigfach töten, auf zigfache Weise; und es scheint, sie lähmen – wie einige Spinnen oder wie Autoscheinwerfer –, bevor sie töten.

Sie sind wirklich bemerkenswerte Produkte. Ihre Kraft resultiert aus einer Gleichung: wenn ein Pfund Uranium-235 gespalten wird, multipliziert sich die ‹befreite Masse› seiner 1132 000 000 000 000 000 000 000 Atome mit dem Quadrat der Lichtgeschwindigkeit – mit der explosiven Kraft von 300 000 Kilometern pro Sekunde mal 300 000 Kilometern pro Sekunde. Ihre Größe, ihre Stärke hat theoretisch keine Grenzen. Sie sind biblisch in ihrer Wut. Sie sind eindeutig die übelste Sache, die diesem Planeten je widerfahren ist; außerdem sind sie ein Massenprodukt und zudem billig. In gewisser Hinsicht ist das außergewöhnlichste an ihnen, daß sie von Menschen geschaffen wurden. Sie entstellen alles Leben und zersetzen alle Freiheit. Sie lassen uns irgendwie keine Wahl. Kein Mensch auf Erden will sie, aber sie sind da.

Sie widern mich an – ich kann Kernwaffen nicht ausstehen. Niemand kann sie ausstehen. Wenn ich in meiner Beschäftigung mit diesem ungewohnten Thema zu lange gelesen oder zu viel nachgedacht habe, spüre ich einen Brechreiz, klinischen Brechreiz. In jedem nur denkbaren Sinn (und dann, synergetisch gesehen, in mehr als nur den denkbaren Sinnen) machen Kernwaffen krank. Was für ein Gift, was für eine Kraft, was für eine Reichweite. Sie sind da, und ich bin hier – sie sind tot, ich lebe – trotzdem schaffen sie es, daß mir zum Kotzen ist, daß sie mir

elend auf den Magen schlagen; sie schaffen es, daß es mir so geht, als wäre eines meiner Kinder schon zu lange draußen, viel zu lange – und es wird schon dunkel. Das Gefühl ist angebracht und eine gute Übung. Denn so wird es mir noch oft gehen, ich werde noch oft kotzen, wenn die Atombomben fallen, und ich lebe.
Jeden Morgen, sechs Tage in der Woche, gehe ich aus dem Haus und fahre eine Meile bis zu der Wohnung, in der ich arbeite. Sieben oder acht Stunden lang bin ich allein. Jedesmal, wenn ich ein plötzliches Heulen in der Luft oder einen der gräßlicheren Zusammenstöße des Stadtlebens höre oder Gastgeber bin für bestimmte, nicht gerade willkommene Gedanken, muß ich mir einfach vorstellen, wie es sein wird. Angenommen, ich überlebe. Angenommen, meine Augen laufen nicht aus meinem Gesicht; angenommen, der Hurrikan sekundärer Raketen, in die sich Stein, Metall und Glas jäh verwandelt haben, ließe mich unverletzt: all dies einmal angenommen. Ich sähe mich gezwungen (und es wäre das letzte, wozu ich Lust hätte), die lange Meile durch den Feuerorkan, durch die Überreste eines Tausend-Meilen-in-der-Stunde-Sturms, durch die verzerrten Atome und vorbei an den kriechenden Toten nach Hause zurückzugehen. Dann, wenn ich noch die Kraft habe, wenn Gott will und wenn sie noch am Leben sind – muß ich meine Frau und meine Kinder finden und muß sie töten.

Was mache ich mit solchen Gedanken? Was macht irgend jemand mit solchen Gedanken?

Obwohl wir nicht wissen, was wir gegen Atomwaffen machen oder wie wir mit ihnen leben können, lernen wir langsam, über sie zu schreiben. Drängender als bei jedem anderen Thema stellt sich hier die Frage des Anstands. Es ist das edelste Problem und das niedrigste Problem. Es ist schändlich, und es ist erhaben. Wo man auch hinsieht, herrscht eine große Ironie: tragische Ironie, erbärmliche Ironie, gar die Ironie der schwarzen Komödie, der Farce, und die Ironie, die nur gewalttätig ist, unerhört gewalttätig. Die Pilzwolke über Hiroshima war ein wunderschönes Schauspiel, auch wenn sie ihre Farbe einer Kilotonne menschlichen Blutes verdankte...

Im diskursiven Feld finden sich die verschiedensten Arten, miserabel über Kernwaffen zu schreiben. Schließlich sieht man ein, daß einige Leute es einfach nicht kapieren. Sie kapieren es einfach nicht. Ihre Bücher sind die veröffentlichten Ausgaben dieser Bushaltestellen-Schwätzereien, in denen behauptet wird, ein Atomkrieg würde ‹so schlimm› nun auch wieder nicht sein, besonders, wenn man es vorher noch bis zum Cottage der Tante in Dorset schaffe (oder, besser noch, wenn man zu der Zeit schon im Cottage der Tante wäre). Sie verstehen nicht, daß Atomwaffen alles in Frage stellen. Wenn man nicht versteht, worum es bei den Atomwaffen eigentlich geht, dann ist das so, als wenn man nicht versteht, worum es im Leben eigentlich geht. Da liegt der wirkliche Grund unserer Schwierigkeit.

Irgendwie ist es ja erfreulich, daß alle militärisch-industriellen Schreibereien über nukleare ‹Optionen› sich augenblicklich durch die Natur der Waffen, die sie beschreiben, selbst verfälschen, als weigerte sich die Sprache, mit solchen Begriffen zusammenzuarbeiten. (In dieser Hinsicht ist die Sprache viel wählerischer als die Wirklichkeit, die hartnäckig die Anti-Wirklichkeit des nuklearen Zeitalters akzeptiert). In der «mach, was machbar»-Welt des nuklearen ‹Konfliktmanagements› spricht man vom *Erstrückschlag*; in dieser Welt werden Tote in den unteren Zigmillionen *akzeptabel* genannt; in dieser Welt zielen feindliche, provozierende, destabilisierende Kernwaffen auf Kernwaffen *(counter-force)*, während friedliche, defensive, sicherheitsbewußte Kernwaffen (da schmachten sie und schmollen ganz allerliebst) auf Städte zielen *(countervalue)*. In dieser Welt nennt man die Gegner der jetzigen Realität *Spinner*. ‹Täuschende Aufstellungsstrategien›, ‹Massierung der Raketen›, ‹letzte Verteidigungslinie›, ‹der Fußball› (das ist ‹der rote Knopf›), Akronyme wie BAMBI, SAINTS, PALS und AWDREY (*A*tomic *W*eapons *D*etection, *R*ecognition, and *E*stimation of *Y*ield – Ortung atomarer Waffen, Erkennung und Bewertung der Folgewirkungen), ‹das Jedi-Konzept› (Plasma-Geschosse von annähernder Lichtgeschwindigkeit), ‹der Krieg der Sterne›: solche Phrasen lassen glauben, man sei auf dem Sportplatz – oder wieder im Kindergarten.

Das Motiv des Kindlichen kehrt in der Geschichte des nuklearen Managements beharrlich wieder. Trinity, die erste Bombe (Spitzname ‹der *Apparillo*›), wurde durch eine Vorrichtung in Position gehievt, die als ‹die Wiege› bekannt war; während des Countdowns sendete die Radiostation Los Alamos ein Schlaflied, Tschaikovskys «Serenade für Streicher»; Wissenschaftler fragten sich, ob *der Apparillo* ein ‹Mädchen› (d.h. ein Blindgänger) oder ein ‹Junge› sein würde (also ein Projektil, das New Mexico auslöschen könnte). Die Hiroshima-Bombe wurde Little Boy genannt. «Es ist ein Junge!» verkündete Edward Teller, der ‹Vater› der H-Bombe, als ‹Mike› (‹mein Baby›) 1952 über dem Bikini-Atoll detonierte... Das entbehrt nicht einer gewissen Ironie, denn *sie* sind die kleinen Jungen; *wir* sind die kleinen Jungen. Und die Ironie hat sich seither vervielfacht. Weil es mit dem Aussterben der Rasse droht, ist dieses endgültige Menschenvernichtungsmittel in seinem Kern ein Anti-Baby-Mittel. Gemeint sind nicht die Babies, die sterben werden, sondern die Babies, die nie geboren werden, jene, die in spektralen Warteschlangen anstehen bis zum Ende aller Zeiten.

Zum erstenmal interessierten mich Kernwaffen im Sommer 1984. Ich sage «zum erstenmal», aber eigentlich war ich schon immer daran interessiert. Jeder interessiert sich für Kernwaffen, sogar jene Leute, die behaupten und sogar daran glauben, daß sie über dieses Problem nie auch nur einen Moment nachdenken. Wir sind alle parteiisch. Kann man überhaupt nie über Kernwaffen nachdenken? Wenn man nie über Kernwaffen nachdenkt, wenn man nie über die folgenschwerste Entwicklung in der Geschichte der Arten nachdenkt, worüber denkt man *dann* nach? Vielleicht ist in einem solchen Fall das Denken tröpfelnd, vorbegrifflich, physiologisch, drüsenartig. Vielleicht protzt der Mann mit dem geladenen Revolver im Mund, daß er nie über den geladenen Revolver nachdenkt. Aber er schmeckt ihn, die ganze Zeit.

Mein Interesse an Kernwaffen war Ergebnis eines zufälligen Zusammentreffens von bevorstehender Vaterschaft und einer verspäteten Lektüre der klassischen, aufrüttelnden Studie von Jonathan Schell *Das Schicksal der Erde*. Es rüttelte *mich* auf. Ich glaube, bis dahin war ich völlig ahnungslos. Ich hatte eigentlich noch nie über Kernwaffen nachgedacht. Ich hatte sie nur geschmeckt. Nun wußte ich wenigstens, warum mir so schlecht war.

Was geschieht, wenn die Moral auf ihren Nullpunkt sinkt? Unsere Führer besitzen weiterhin die Mittel, das Undenkbare zu inszenieren. In unserem Namen denken sie das Undenkbare. Bescheiden genug hoffen wir, durchs Leben zu kommen, ohne ermordet zu werden; eher noch zuversichtlicher hoffen wir, durch unser Leben zu kommen, ohne selbst jemanden zu ermorden. Die Atomwaffen nehmen uns diese Dinge aus der Hand: mag sein, wir sterben – und sterben mit der Schürze des Schlächters um unsere Hüfte. Ich glaube, die meisten der Deformationen und Perversionen modernen Lebens hängen mit dieser massiven Entmächtigung zusammen – und wirken deshalb so kümmerlich daneben. Unsere moralischen Verpflichtungen werden zwangsläufig und auf unvorhersehbare Weise entkräftet. Schließlich, welcher *acte gratuit*, welche vulgäre Raserei, welche irrsinnige Barbarei ließe sich schon mit dem schwarzen Traum des atomaren Schlagabtausches vergleichen?

*

Es ist heilsam, sich angesichts der Hyperinflation des Todes, die jedes Leben so billig werden ließ, wieder der Physik zuzuwenden, damit wir uns an den nuklearen *Maßstab* erinnern. Die Menge der Masse, die gebraucht wurde, um Hiroshima dem Erdboden gleichzumachen, betrug den dreißigsten Teil einer Unze – nicht schwerer als ein Centime. Nach der Gleichung Einsteins nimmt ein einziges Gramm die Eigenschaften von 12 500 Tonnen TNT an (zusätzlich zu einigen stoffspezifischen Eigenschaften). Jonathan Schell schreibt:

> ... die Energie, die durch Anwendung der Universalphysik des zwanzigsten Jahrhunderts hervorgebracht wird, verhält sich zur Energie der terrestrischen oder planetarischen Physik des neunzehnten Jahrhunderts wie der Kosmos zur Erde. Und doch entfesselte die Menschheit innerhalb der vergleichsweise winzigen, anfälligen Ökosphäre der Erde diese frisch angezapfte, kosmische Energiequelle.

Für einen Moment sei der Gigatonnen-Größenwahn heutiger Arsenale vergessen und daran gedacht, was eine einzige Megatonne ausrichten kann: sie kann Zerstörungen im Ausmaß Hiroshimas über jede größere Stadt der Vereinigten Staaten bringen und immer noch wären gut dreißig Bomben übrig. Allein mit den Waffen des sowjetischen Arsenals kann man 22000 Millionen Menschen töten – oder besser, ‹man könnte›, gäbe es 22000 Millionen Menschen. Aber es leben nur 4000 Millionen Menschen, die umgebracht werden können. Und immer noch verfolgen wir das dynamische Prinzip des *strategischen Ungleichgewichts*. Nur – es gibt dieses *Ungleichgewicht* nicht. Wir leben in einem Raketen-Manhattan. Es gibt keinen Platz für weitere Raketen. Wir sind bis obenhin voll.

In der Zwischenzeit wird die Debatte fortgeführt. Und was für eine Debatte ist das? In welchem Ton spricht man hier? Wenn wir uns die

Kontroverse über die ‹Strategic Defence Initiative› ansehen, finden wir bei Ronald Reagan folgendes: «[SDI] ist nicht gegen die Angst, sondern für die Hoffnung und ‹in diesem Kampf›, wenn Sie entschuldigen wollen, daß ich aus einem Film zitiere, ‹ist die *Kraft und die Macht* mit uns›.» Nein, wir werden sein Filmzitat nicht entschuldigen. Und die *Kraft und die Macht* ist nicht mit uns. Sie ist gegen uns. Mit solchen Vokabeln (Worte, die eine unermeßliche Frivolität mitklingen lassen) beschwor Präsident Reagan «eine gemeinsame Anstrengung, die die Aussicht berge, den Verlauf der menschlichen Geschichte zu ändern», die aber auch, gesteht er, mit einigen ‹Risiken› verbunden sei. Unglücklicherweise besteht das Risiko darin, daß der Verlauf der menschlichen Geschichte *beendet* werden könnte. «Gott wird uns nicht vergeben, wenn wir versagen», meinte Breschnew zu Carter auf dem Gipfeltreffen vor dem Einmarsch in Afghanistan. Carter gefiel der Satz, und er wandte ihn selbst an, mit einer diplomatischen Korrektur. «Geschichte», sagte er, «wird uns nicht vergeben, wenn wir versagen.» Breschnew traf näher ins Schwarze. Im Fall eines Versagens könnte Gott es gerade schaffen, die Geschichte wohl kaum.

Drei Bücher über SDI – drei Quickies vom Ende der Zeit – landeten kürzlich auf meinem Schreibtisch, zwei dafür, eines dagegen. *So werden Atombomben überflüssig* ist von Robert Jastrow, dem Mann, der am Tag nach dem Unglück des Space-Shuttle mit dem Kommentar: «Da scheint was faul zu sein» in die Schlagzeilen geriet. Zuerst macht Jastrow deutlich, wie sehr er hofft, der dritte Weltkrieg könne, wenn möglich, vermieden werden, und wie sehr er solch ein Ereignis bedauern und mißbilligen würde (im bekannten Ton beflissenen, moralischen Aufwertens, als handelte es sich hier um eine lästige Frage der Etikette, des äußeren Scheins), um sich dann dem eigentlichen Thema des Buchs, einem aufpeitschenden Bericht von «Der Schlacht», zu widmen. Mitten in dieser technomanischen Weltraum-Oper können wir einen flüchtigen Blick auf den Präsidenten werfen, wie kaltblütig er dieses ‹befiehlt›, jenes ‹entscheidet› und gelassen seinen unerprobten ‹Friedensschild› errichtet, sobald hemisphärische Schlachterei in den Himmeln über uns droht. In Wahrheit aber wird der Präsident, falls er nicht zuvor von einer Kofferbombe in der russischen Botschaft in die Luft gesprengt wurde, wie jeder andere Schauspieler in diesem psychotischen Tagtraum mit seinem eigenen Nervenzusammenbruch beschäftigt sein. Für Jastrow ist das Undenkbare denkbar. Er hat unrecht, und ich behaupte, in dieser Hinsicht ist er ebenso unmenschlich wie alle anderen Atomkrieg-Kämpen, wie alle ‹Durchsetzer›. Das Undenkbare ist für den Menschen nicht denkbar, denn die Möglichkeit, von der es ausgeht, setzt voraus, daß aller menschlicher Kontext bereits verschwunden sein würde. Wie das SDI-Projekt können auch seine Schauspieler nicht erprobt werden. Wie sie in einer solchen Situation reagieren würden, läßt sich nur vermuten. Aber sie wären keine Menschen mehr. In gewissem Sinne würde es niemand mehr sein. Dieser Status existiert auf der anderen Seite der nuklearen Feuerschneise nicht.

Solly Zuckermann war der Ansicht, die entgegenkommende Haltung der Alliierten zum SDI-Projekt, so lauwarm und jämmerlich sie schon war, hätte eine Lektüre von Jastrow nicht überstanden. Wahrscheinlich ließe sich von Alun Chalfont, dessen *Star Wars: Suicide or Survival* SDI im Bariton eines barschen Realismus begrüßt, ähnliches nicht behaupten. Zugegeben, SDI wird ‹hohe Risiken› mit sich bringen; zugegeben, das SDI-Projekt ‹erfordert eine völlig neue Betrachtungsweise der den Rüstungskontrollgesprächen zugrundeliegenden Prinzipien›; zugegeben, SDI wird eine Billion Dollar kosten. Aber es lohnt sich. Extrem risikoreich, völlig revolutionär und unglaublich teuer, aber es lohnt sich – wegen des strategischen Ungleichgewichts. Die Sowjets werden es bald tun oder haben angefangen, es zu tun, oder (scheint er manchmal zu suggerieren) haben es schon getan. Also machen wir es lieber auch. Interessanterweise beunruhigt Lord Chalfont nicht die Existenz der Atombomben, eine Existenz, die, wie er sagt, nicht ‹widerrufen› werden kann.* Was ihn beunruhigt, ist die Existenz

---

* Margaret Thatcher, die der gerade erst bekräftigten Zustimmung Amerikas zum nuklearen Schicksal beipflichtet, wiederholte diesen Satz und behauptete, daß «die Erfindung der Atombomben nicht rückgängig gemacht werden könne» – sei ein «unfehlbares Argument», so *The Times*. (*The Times* wie *The Economist* und *The Sun* sind, ganz zufällig, für das SDI-Projekt.) Darf ich, mit Hilfe von Jonathan Schells *Die Abschaffung*, diese Argumentation aus ihrer mißlichen Lage befreien? Es stimmt, die Erfindung der Atombomben kann nicht rückgängig gemacht werden (oder besser: ihre Entdeckung kann nicht ungeschehen gemacht werden, da sie sich ja eine zeitlose Kraft der Natur zunutze machen), aber sie können abgeschafft werden. Falls Atombomben gezündet werden, wird sie ein Verrückter oder ein normaler Mensch in einer Krisensituation zünden. Jede nennenswerte Verlängerung der Zeitspanne für zusätzliche Überlegungen würde von epochaler Bedeutung sein: sie würde eine neue Welt schaffen. Gegenwärtig umfaßt diese Frist für zusätzliche Überlegungen die Spanne zwischen der Entscheidung, auf den ‹roten

ihrer Gegner. Und da haben wir etwas, das wir loswerden können. Höflichkeit verabschiedet sich sowieso, schlägt er in seinem Text gelangweilt das Thema Frieden – oder ‹Frieden› – an. «Sofort beginnt die Friedensindustrie ihren vorhersehbaren Tumult...ein Zusammenschluß fehlgeleiteter Idealisten mit einem Einsprengsel brauchbarer Idioten und russischer Agenten (ob bewußt oder unbewußt).» Verärgert durch die Hinweise auf die Kriegs-‹Industrie›, schreibt er nichtsdestotrotz der Friedensbewegung einen industriellen Status zu. Warum? Wo sind die Fabrikgelände des Friedens? Wo ist ihr Billion-Dollar-Haushalt? An einer Stelle diskutiert Chalfont amerikanische Pläne:

> ...bei der Aufstellung von Raketensprengköpfen mit erhöhter Strahlungskapazität in Europa... gibt es sofort einen Aufschrei gegen die ‹Neutronenbombe› – von geistig Zurückgebliebenen als eine kapitalistische Waffe beschrieben, die bestimmt sei, Menschen zu töten und Besitz zu schützen.

Chalfont ist mit dem Ausdruck ‹kapitalistische Waffe› nicht zufrieden, und man muß ihm beipflichten. Aber wie zufrieden ist er mit ‹erhöhter Strahlungskapazität›? Wie zufrieden mit ‹erhöhter›?

Unglücklicherweise kommt E. P. Thompsons Sprache dem Ton angemessenen und verläßlichen Überzeugens kaum näher. Er brachte große Opfer für die Sache, die er vertritt; er ist brillant, er hat Charisma, er inspiriert; aber er ist unzuverlässig. In *Star Wars*, wie auch sonst, erweist sich Professor Thompson als fähiger Exponent des atomaren Hohen Stils. Er ist witzig und großartig und schreibt mit bestem, reguliertem Haß. Wie vernichtend beschreibt er doch die Öffentlichkeitsarbeit des SDI. Aus vertraulicher Literatur:

> Unzählige Möglichkeiten sehr sichtbarer ‹Fall›-Aktivitäten könnten sich eröffnen... auch für Katholiken von Interesse... Solch ein Bemühen um Unterzeichnung würde es dem Weißen Haus erlauben, gegenüber oppositionellen, einflußreichen Anti-BMD (*B*alanced *M*issile *D*eploy-

---

Knopf› zu drücken, und dem Moment, wo er tatsächlich gedrückt wird. Präsident Reagan selbst schien das Bedürfnis nach einer längeren Frist zu verspüren, als er, nachdem er bereits einige Jahre an der Macht war, seine Überzeugung verkündete, die Raketen könnten, einmal gestartet, wieder zurückbeordert werden. Können sie nicht. Kugeln kann man nicht zurückbefehlen. Man kann ihre Erfindung nicht ungeschehen machen. Aber man kann das Gewehr entladen.

> ment – Ausgewogene Raketen-Stationierung) – Kritikern im eigenen Haus gut dazustehen... spricht ‹eurostrategische› Ziele an, die heutzutage eine große Sache sind... spielt ungeniert mit hochtrabenden ethischen Themen (bei weitem der beste Weg, um zu mobilisieren)...

In Sachen SDI ist Thompson vernichtend, er führt seine Sache nahezu fehlerlos. Aber er wird niemanden vernichten – eher wird er die schon Überzeugten wieder in Zweifel stürzen – denn er hat keinerlei Respekt für den richtigen Ton.

Sein Stil ist lax, ungeduldig, oft hoffnungslos unsicher; er ist aufreizend schwarzseherisch; er gefällt sich in Dummheiten. Sein Anti-Amerikanismus (‹die USA sind so durch und durch moralisch›; ‹Präsident des Planeten Erde›; ‹ich will, daß ihr Commies mit erhobenen Händen aus euren Löchern kommt›) ist so überholt und schauerlich und provoziert so sehr die altbekannten Reaktionen wie die entgegengesetzten Vorurteile seines Opponenten Lord Chalfont. Chalfont ist unmenschlich. Thompson ist nur menschlich – nur zu menschlich. Thompson macht auch Witze. Diesen Witz reißt er gleich zweimal, so sehr liebt er ihn:

> Schon warnt der werdende Präsident, das Fenster [der Angreifbarkeit] könne so weit offen sein, daß ‹die Russen uns mit einem Telefongespräch erobern könnten›. ‹Hallo! Mr. Reagan, ssind Ssie dass? Hierr sspricht Towaritsch Breschnew. Komm rrauss. Hände hoch. Oder ich werfen diesse Bombe durch das Fensterr!›

Davon kann man sich nur angewidert fühlen. Man lehnt sich zurück und reibt sich die Augen und wundert sich, wieviel Schaden so etwas angerichtet haben mag. Denn wie in keiner anderen Debatte ist in der Diskussion um Atombomben die Strafe für solche Ausrutscher unkalkulierbar. Über die Atombomben sind die Menschen sich einig, die menschlichen Institutionen sind es nicht. Unsere Hoffnung liegt in einer allmählichen Symbiose. Wir müssen eine Sprache der Einstimmigkeit finden.

Ich streite mich mit meinem Vater über Atombomben. In dieser Auseinandersetzung streiten wir alle mit unseren Vätern. Sie verfochten und verschanzten sich hinter dem Status quo. Sie haben alles völlig falsch verstanden. Sie haben den wahren Kern der Sache nicht verstanden, mit der sie umgingen – den wahren Kern der Bomben – und sind nun in der neuen Wirklichkeit gefangen, gefangen in einem großen Irrtum. Vielleicht gibt es keine Hoffnung, bevor sie nicht ausgestorben sind. Es gibt vereinzelt Leute, die überzeugt sind, wir sollten bald damit beginnen, unter unseren Vätern einige bestimmte zu töten, ehe sie uns töten. Das erinnert mich an den prächtigen Syllogismus (von Jonathan Schell) über gescheiterte Abschreckung: ‹Er wollte mich in Notwehr töten, da er dachte, ich wolle ihn in Notwehr töten. Also tötete ich ihn in Notwehr.› Genau, und in Vergeltung tötete er mich – aus dem Grab heraus. Die Wirklichkeit, die wir erbten, ist unendlich demütigend. Wir müssen uns einfach etwas mehr anstrengen.

Für meinen Vater sind Kernwaffen eine unverrückbare Tatsache. Sie werden immer notwendig sein, weil die Sowjets sie immer haben werden, und die Sowjets werden immer den Westen versklaven wollen. Rüstungsabkommen bringen gar nichts, da die Sowjets immer betrügen werden. Einseitige Abrüstung ist Kapitulation. Und sowieso ist dies kein Fall von ‹rot oder tot›. Die kommunistische Welt ist mit Atombomben bestückt und tief entzweit: also ist es ein Fall von ‹rot *und* tot›.

Nun, Tod scheint mir dieses Rezept in jedem Fall zu versprechen. Atombomben haben, erinnert mich mein Vater, seit vierzig Jahren den Krieg verhindert. Ich erinnere ihn daran, daß kein planetarer Schlachthof über dem hundertjährigen Frieden wachte, der auf Napoleons Niederlage im Jahre 1815 folgte. Und das Problem mit der Abschreckung ist, daß sie die notwendige Zeitspanne, also irgendwas zwischen heute und dem Tod der Sonne, nicht überstehen wird. Sie zerfällt schon. Von innen. Wenn ich behaupte, Amerika sei ebensosehr eine Bedrohung wie die Sowjetunion, bin ich in den Augen meines Vaters jemand, der es mit der Demokratie leicht nimmt, der es mit der Freiheit leicht nimmt. Aber natürlich sind die Waffen selbst die Bedrohung. Ironischerweise ist eine Autokratie sehr viel besser in der Lage, mit diesem Problem umzugehen, denn diese Frage liegt jenseits aller Politik. Für die Sowjets gibt es niemanden, mit dem sie verhandeln können – nur Führer von rapide sich verschlechterndem Format, bedrängt von Demokratie, bedrängt von Parteienpolitik, die zwischen den Wahlen, den Lahme-Enten-Zeiten und den informellen Volksbefragungen als Teil des öffentlichen Lebens in Amerika nur zu sechsmonatigen Arbeitsperioden kommen. Und da ist das Geld, das Geld. Während ich dies schreibe, sieht es so aus, als könne die Sowjetunion es sich nicht leisten, weiterzumachen, und die Vereinigten Staaten nicht, aufzuhören. Saul Bellow schrieb, daß es gewisse Übel gäbe – er nennt Krieg und Geld als Beispiele –, die die Kraft hätten, zu überleben, auch wenn sie als Unheil erkannt wurden. Vergnügt existieren sie weiter, als Unheil, als bekanntes Unheil. Könnte es eine weitere Errungenschaft der Kernwaffen sein, daß sie, in einem Prozeß letztendlichen Verfalls, diese fortlebenden Existenzen vereinigten? So endet die Welt genauso wie in *Die Erzählung des Ablaßpredigers*, die menschlichen Schauspieler sind gegangen, zurück bleiben (aber niemand wird sie finden) die benutzten Waffen und das unbenutzte Geld, die Waffen und das Geld.

Jeder, der das Werk meines Vaters gelesen hat, wird eine Vorstellung davon haben, was es heißt, mit ihm zu diskutieren. Als ich ihm erzählte, ich schriebe über Atombomben, sagte er, mit klangvoller Stimme, ‹Ach. Ich nehme an, du bist... ‹dagegen›?» *Epater les bienpensants* ist seine Devise. (Einmal, als einer meiner Freunde ihm berichtete, eine vom Aussterben bedrohte Art von Walen würde systematisch in Seife verwandelt, antwortete er, ‹es scheint mir eine ganz gute Art zu sein, Wale zu *verputzen*›. Ich glaube, er mag Wale eigentlich ganz gern, aber darum geht es nicht.) Über Kernwaffen rede ich mit meinem Vater stets unverschämter als über jedes andere Thema, unverschämter als ich seit meiner Teenagerzeit zu ihm war. Gewöhnlich ende ich damit, daß ich so etwas sage wie: ‹Wir werden einfach warten müssen, bis einer nach dem anderen von euch alten *Scheißkerlen* wegstirbt.› Und sein letzter Satz lautet meistens ungefähr so: ‹Überleg doch mal. Wenn wir nur die staatliche Kunstförderung einstellen würden, könnten wir unser Arsenal schon beträchtlich erweitern. Die Stipendiengelder für Dichter könnten die Kosten eines Jahres für ein nukleares U-Boot decken. Mit dem Geld für eine *einzige* Aufführung des *Rosenkavaliers* könnten wir uns einen weiteren Neutronensprengkopf leisten. Und wenn wir alle Krankenhäuser in London schließen würden, könnten wir...› Die Satire ist auf ihre Art zutreffend, denn ich rede weiterhin nur über Kernwaffen; ich weiß nicht, was ich gegen sie machen soll.

Wir lassen das Thema fallen. Unsere ‹sessions› enden freundschaftlich. Gemeinsam bewundern wir dann meinen kleinen Sohn. Vielleicht wird er wissen, was er mit den Atombomben anfangen soll. Auch ich werde abtreten müssen. Vielleicht weiß er, was er mit ihnen anfangen soll. Es wird etwas sehr Radikales sein müssen, denn es gibt nichts Radikaleres als eine Atombombe und das, was *sie* anrichten kann.

Zivilschutz ist ein weiteres satirisches Thema in dieser Debatte. Anders als bei Professor Thompson *sind* diese Witze lustig. *Zivilschutz im Fall eines Atombombenabwurfs* – der Gedanke selbst ist ein Witz. Dazu lassen sich nur zwei Worte sagen, und die heißen *vergiß es*. Trotzdem erscheinen mehr und mehr Bücher zu diesem Thema. Irgend jemand muß sie ja wohl schreiben, aber das ganze Genre ist durch unmenschliche Plattitüden verpfuscht. Es ist, als wolle man die königliche Familie mit den Segnungen des Lebens in einem blutbesudelten Fertigbauhaus oder einem mittelalterlichen Lazarett vertraut machen. (Und gerade vor diesem Hintergrund wird jede Familie zur königlichen Familie.) Im nuklearen Krankenhaus, eine weitere barbarische Ironie, werden sich die Auswahlkriterien für die Notaufnahme verkehrt haben: nur die vergleichsweise Gesunden wird man für noch behandelbar halten. Der Prozeß nuklearer Perversion ist abgeschlossen, wenn man begreift, daß die korrekte Haltung zum Atomkrieg im selbstmörderischen Defätismus liegt. Niemand soll denken, dies sei denkbar. Gebt jedes Interesse am Überleben, am Durchhalten auf. Glaubt nicht daran. Habt nichts damit zu tun. Seid bereit, eure Löffel abzugeben. Für mich und für meine Lieben wünsche ich die Hitze, die daherkommt mit der Geschwindigkeit des Lichtes. Ich habe keine Lust herumzuhängen, bis die Druckwelle mit der Langsamkeit des Schalls dahergeschlendert kommt. Es gibt nur eine Verteidigung gegen den Atomkrieg, und das ist eine Zyankalikapsel.

Kürzlich fand ich ein amerikanisches Scherflein zum Thema: *Zivilschutz beim Atomschlag: Ein Führer zum Schutz der Familie* von Capt. T. Kalogroulis. Ein Prachtstück. Und randvoll mit Dummheiten und Druckfehlern (‹Eine schematische Illustration der Druckwelle zeigt die nette Seite?›). Aber ich denke, damit können wir leben. Ich denke, wir können nach einem Atomkrieg mit einigen Druckfehlern leben. Das Buch beginnt mit der großen Rechtfertigung – die Rechtfertigung für all dieses makabre Geplapper. ‹Das Ziel der Kommunisten ist die Beherrschung der Welt... gestützt auf ihre prahlerisch übertriebenen Möglichkeiten werden sie die Atombombe zur Erpressung einsetzen. Und sie sind bereit, falls es notwendig ist und sie sich das Risiko leisten können, Gewalt anzuwenden.› Dieses *falls* ist kein schwerwiegendes Wort, denn die Sowjets ‹könnten Verluste an Menschen und Gütern riskieren, an die wir nicht zu denken wagen. Gegenüber Verlusten sind sie abgehärtet.› Der Feind ist nicht aus Fleisch und Blut, er ist aus Fell und Eis; für ihn ist der nukleare Holocaust was uns unser tägliches Brot. Captain Kalogroulis listet die ‹strategischen Vorteile des Schutzes der Zivilbevölkerung› auf eine Seite. Es gibt sieben. Nummer vier stellt fest, erst der Schutz der Zivilbevölkerung mache jede militärische Verteidigung sinnvoll; letztere habe keine Bedeutung, wenn die Bevölkerung vernichtet würde. Welche Bedeutung hat erstere, wenn die Bevölkerung vernichtet ist? Es folgt Nummer fünf:

> Unsere führenden Militärexperten stimmen darin überein, daß die Fähigkeit, unsere Verluste im Fall eines Angriffs begrenzen zu können, von definitivem, militärischem Vorteil ist. Es würde bedeuten, daß ein Feind größere militärische und ökonomische Kräfte für das Unternehmen aufwenden müßte. Er würde somit länger brauchen, ausreichende Schlagkraft zu erlangen.

Mit anderen Worten, der Feind müßte sich ein bißchen stärker anstrengen, wenn er eine *un*begrenzte Zahl von Verlusten hinterlassen will. Man fragt sich außerdem, wieviel Einfluß und Prestige unsere führenden Militärexperten ‹im Falle eines Angriffs› wirklich genießen würden. Nummer sieben schlußfolgert, der Schutz der Bevölkerung schaffe ‹die Voraussetzung, einen Atomkrieg zu überstehen›. Dann ist man auch verpflichtet, ihn durchzuziehen, schon aus strategischen Gründen.

Die offensichtliche Wahrheit ist, daß sich nach einem Atomkrieg die Rolle der zivilen und militärischen Führungsschicht ändern oder in ihr Gegenteil verkehren würde. Die Machtinhaber würden die Bevölkerung nicht länger vor dem Feind schützen: sie würden sich selbst vor der Bevölkerung schützen. Eine der Wirkungen von Kernwaffen – diesen eigenartigen Geschöpfen – würde spontaner Faschismus sein. Im Jahre 1980 führte die britische Regierung, zusammen mit der NATO, die Operation ‹Square Leg› durch, um den tatsächlichen Verlauf und die Folgen eines Atomschlags bewerten zu können. Zusammen mit vielen anderen mysteriösen Annahmen (Sieben-Tage-Warnzeit, keine Explosion im Stadtzentrum Londons) stellt man sich vor, der Pöbel verbrächte seine letzte Woche damit, Lebensmittel zu horten und seine Vorgärten in Schutzbunker zu verwandeln – mit anderen Worten, sich das eigene Grab zu graben. Denn taumelt man nach dem ‹Alles klar› (alles klar wofür?) aus seinem Schutzbunker, ist das einzig Sinnvolle, was zu tun bleibt, wieder zurückzutaumeln. Alles Lebenswerte wäre verschwunden. Man wäre Bürger einer Satellitenstadt namens Nekropolis. Atomarer Zivilschutz ist ein Un-Thema, ein böswilliges Konstrukt. Es begünstigt die Möglichkeit eines Krieges. Es begünstigt die Denkbarkeit des Undenkbaren.

Trotz allen schwarzen Humors hat dieses Genre einen düsteren Unterton. Nicht jeder (laut Definition) ist so durch und durch, so beispiellos unmenschlich wie Captain Nekropolis. Das großartige *London nach der Bombe* zum Beispiel beginnt als Buch ‹über› atomare Verteidigung und endet als empörte Ablehnung nuklearer Verteidigung. Selbst bei halboffiziellen Veröffentlichungen wie dem *Atomschlag: Zivilschutz* (herausgegeben im Auftrag der Königlichen Vereinigten Dienstleistungsinstitute für Verteidigungsstudien) muß man an ein Team erfahrener Einsatzärzte denken, die, gut vorbereitet auf eine fürchterliche Vergewaltigung ihrer Sinne, erst wieder zu sich kommen, als sie, in hilflosem Ekel, vom Schauplatz des Unfallortes wanken. Sprache kann mit dieser Wirklichkeit nicht leben. ‹Es ist wichtig, einen guten Vorrat von Schmerztabletten zu haben... Beruhigungspillen werden wichtig sein... Psychologische Probleme in einem Atomkrieg... Gesundheitsprobleme in einem Atomkrieg...› Ist *Probleme* wirklich das Wort, das wir suchen? Nun, es wird auch Probleme des Aussterbens geben, wenn wir – mit Aspirin-Tabletten, 10 x 10 cm-Wundpflastern, einer kleinen Schere (abgestumpfte Spitzen) und einem vorsorglichen Vorrat von Sicherheitsnadeln – uns für den atomaren Winter niederkauern.

Der nukleare Winter war seit 1945 die beste Neuigkeit an dieser Front. Es ist die beste Neuigkeit, weil es die schlechteste Neuigkeit ist (und weil nukleare Realitäten immer antithetisch und palindromisch sind). Um es einfach auszudrücken, falls ein beträchtlicher Teil des Weltarsenals zur Anwendung käme, könnte es sein, daß dieser Planet aufhört, Leben zu tragen. So könnte sogar ein erfolgreicher Erstschlag für den Angreifer tödliche Rückwirkungen haben. Es dauerte beinahe 40 Jahre, bis eine offensichtliche Wahrheit begriffen wurde: ohne Feuer kein Rauch. Wie lange werden wir brauchen, um zu begreifen, daß Kernwaffen keine Waffen sind, daß sie aufgeschnittene Pulsadern sind, gasgefüllte Kammern, weltweite Atomfallen? Was müssen wir noch über sie erfahren? Einige Leute – und für eine Welt braucht es alle möglichen Leute – glauben nicht recht an den nuklearen Winter; sie meinen, Ausrottung sei etwas, über das sie ungerührt die Nase rümpfen könnten. Sicherlich, die Sache ist nicht erwiesen: wie bei all den anderen weitverzweigten nuklearen Problemen wuchern die Unsicherheiten. (Zum Beispiel werden die chemischen Vorgänge bei der Entstehung und Zerstörung von Ozon nur teilweise verstanden.) Aber die pessimistische Sichtweise scheint angebracht. Wo sind die verborgenen Vorteile, wo die angenehmen Überraschungen, wenn es um Kernwaffen geht? Egal, die moralische Argumentation bleibt unanfechtbar. Wenn das Risiko unendlich ist – wie es Schell in *Das Schicksal der Erde* belegt –, dann kann man eine wissenschaftliche Möglichkeit als moralische Gewißheit ansehen, ‹denn wenn wir verlieren, wird das Spiel vorbei sein, und weder wir noch irgend jemand anderes wird je eine zweite Chance erhalten›. Oder wie er es in seinem späteren Buch, in *Die Abschaffung*, formuliert:

> Denn nun können Menschen, wie immer mit ihren ehrgeizigen Zielen und Disputen an ihren jeweiligen Orten und zu ihrer jeweiligen Zeit beschäftigt, die menschliche Geschichte an allen Orten und für alle Zeiten beenden. Das Ewige steht im Zeitlichen auf dem Spiel, und das Unendliche wurde in die Hände endlicher Menschen gelegt.

Und ich meine, es ist auf phantastische Weise sinnvoll, daß in den faszinierenden Geheimnissen der Materie, der Quanten, auch das Ende verschlüsselt ist (das Atom selbst ist ja nichts anderes als eine Reihe von Relationen). Mathematisch gesehen ist das Universum ein glücklicher Zufall. Wie die Erde, dieser blaue Planet; wie das organische Leben. Obwohl jede Bestätigung willkommen ist, brauchen wir die Ökonauten von Greenpeace oder *Das Tao der Physik* nicht, um uns sagen zu lassen, daß in unserer Biosphäre alles mit allem verbunden ist. Darin, fühlen alle Menschen, sind sie menschlich – im Gleichgewicht, in der Empfindlichkeit. Wir haben nur einen Planeten – und der ist *rund*.

Das zentrale Konzept in der Theorie vom nuklearen Winter heißt *Synergismus*. Wenn zwei schlimme Dinge geschehen, wird ein drittes (und unvorhersagbares) Unheil geschehen, das in der Summe über die jeweiligen Effekte hinausgeht. Zu all dem Fürchterlichen, von dem wir wissen – und das ist bereits eine ganz schöne Liste – kommt dies noch hinzu. Spontane Strahlung, superstellare Temperaturen, elektromagnetische Impulse, Hitzewelle, Druckwelle, radioaktiver Niederschlag, Krankheiten, Immunitätsverlust, Kälte, Dunkelheit, Seuchen, ererbte Mißbildungen, Ozonloch: mit welch hysterischer Grausamkeit, mit welch absurder Verhältnislosigkeit Kernwaffen menschliches Leben hassen... Es ließe sich ein nuklearer Synergismus denken, der sich in alle Ewigkeit vervielfacht, der vor sich hin zischt und kracht und selbst dann noch feindselig gegen alles Leben ist, wenn es nichts mehr gibt, gegen das es sich feindlich gesinnt sein ließe. Untersuchungen über die Sandstürme auf dem Mars waren der Anlaß für die Theorie vom nuklearen Winter, und der Mars liefert uns eine brauchbare Vorstellung von einer postnuklearen Welt. Eine vulkanisierte, oxidierte, sterilisierte Welt. Mars *ist* der Planet des Krieges.

Bald nachdem ich begriff, daß ich über Atombomben schrieb (und ich brauchte meine Zeit, dies zu begreifen: ungefähr die Hälfte der Geschichten in diesem Buch wurden in Unkenntnis des ihnen allen gemeinsamen Themas geschrieben), begriff ich auch, daß ich eigentlich schon immer über sie geschrieben hatte. Unsere Zeit ist anders. Alle Zeiten sind anders, aber unsere Zeit ist *anders*. Ein neuer Fall, ein unendlicher Fall liegt den üblichen – völlig traditionellen – Vorahnungen des Verfalls zugrunde. Dies würde auch erklären, um nur ein Beispiel zu nennen, warum mit der Zeit irgend etwas nicht zu stimmen scheint – mit der modernen Zeit; die Vergangenheit und die Zukunft, beide gleich bedroht, gleich in Verruf geraten, drängen sich heute in die Gegenwart. So wie der Planet von Tag zu Tag dahinlebt, scheint es, als sei es in der Gegenwart enger geworden, als sei die Gegenwart knapper, widersprüchlicher geworden. Es ist – wiederum von Bellow – gesagt worden, die moderne Situation sei eine Situation der *Ungewißheit*: niemand, absolut niemand, kann sich vorstellen, wie die Dinge ausgehen werden. Was wir erfahren, soweit wir es erfahren können, ist das Ereignis Atomkrieg. Denn die Vorstellung – so wiederum Schell –, die Angst, die Ungewißheit sind die einzigen Erfahrungen vom Atomkrieg, die wir machen werden. Die Wirklichkeit (die verschiedenen Arten des Todes, eine Welt ohne Worte) wird schwerlich eine menschliche Erfahrung genannt werden können, ebensowenig wie ein derart begrenztes Empfindungsvermögen, wie es übrigbliebe, menschliches Leben genannt werden könnte. Es wäre nur der menschliche Tod. Das ist es also, das ist der Atomkrieg – und er zerstört alles. Die ‹Wirkungen› von Kernwaffen wurden ausgiebig untersucht, obwohl selbstredend niemand das volle Ausmaß je kennen wird. Was sind die psychologischen Folgen der Atombomben? Noch sind sie ungezündet und schon führen die

Arsenale der Welt einen psychologischen Krieg; Abschreckung selbst ist zum Beispiel ausschließlich psychologisch (und aus diesem Grund absolut ungenau). Die Luftdetonationen, die Präventivschläge, die massiven Vergeltungen, die unkontrollierbaren Eskalationen: es geschieht bereits in unseren Köpfen. Wenn man über Atombomben nachdenkt, fühlt man sich krank. Wenn man nicht über sie nachdenkt, fühlt man sich krank, ohne zu wissen warum. An den Atombomben prallt jedes Nachdenken ab, vielleicht, weil sie jedes Nachdenken beenden können.

Aus irgendeinem Grund, und es ist zweifellos ein verführerischer Grund, gehört der Großteil der phantasievollen Prosa zu diesem Thema der Trivialliteratur an. Pentagon-und-Kreml- Countdowns, nägelbeißende Terroristen- und Gangsterbosse, Liebe und Leid in der postapokalyptischen Tundra. Schon lange bevor solche Waffen konzipiert wurden, begann sich Science-fiction für die Waffen des Jüngsten Tages zu interessieren, und heute spielt in einem von vier Science-fiction-Romanen das Geschehen nach dem Holocaust. Erstaunlich ist nur, wie wenig die traditionelle Literatur zum nuklearen Schicksal zu sagen hatte – ein Schicksal, dem es weder an Kompliziertheit, Spannweite, Motiven noch an Paradoxen, dem es auch wohl kaum an *Interesse* fehlt. (Kernwaffen haben viele Nachteile, aber daß sie langweilig seien, gehört kaum dazu.) Und doch blieb die ältere Generation der Schriftsteller schweigsam; so produktiv und bedeutend einige von ihnen sind, mit einem aktiven Schriftstellerleben, das noch die evolutionäre Feuerschneise von 1945 überbrückt, waren sie offenbar nicht der Ansicht, daß sich das Thema von allein aufdrängt. Sie lebten in einer Welt, dann lebten sie in einer anderen Welt; und sie erzählten uns nicht, was der Unterschied war. Ich fragte kürzlich Graham Greene, was der Unterschied sei, und er sagte, er habe eigentlich nie darüber nachgedacht. Ich rechne das Graham Greene, dem voraussehendsten Schriftsteller unserer Zeit, nicht als eine Niederlage an. Aber ich verbuche dies als eine Art von Sieg für die Atombomben.

Natürlich kann man sich ein literarisches Thema nicht aussuchen, man kann es nicht wollen; es muß mit seinem eigenen Schritt daherkommen. Jüngere Schriftsteller, Schriftsteller, die ihr Leben auf der anderen Seite der Feuerschneise lebten, beginnen, über Kernwaffen zu schreiben. Nach meiner Auffassung kann dieses Thema nicht im Sturm genommen werden. Für mich ist es eher ein Hintergrund, ein Hintergrund, der sich heimtückisch in den Vordergrund schiebt. Vielleicht wird die nächste Generation einen Schritt weitergehen; vielleicht fühlt sich die nächste Generation heimischer am Ende der Welt... Außerdem könnte man behaupten, daß alles Schreiben – alle Kunst, zu jeder Zeit – in zweierlei Hinsicht auf Kernwaffen Bezug nimmt. Die Kunst feiert das Leben und nicht die andere Sache, nicht den Gegensatz des Lebens. Und Kunst erhöht den Einsatz, vermehrt den Reichtum, der verlorengehen könnte.

Mutual Assured Destruction (MAD) – Konzept der garantierten gegenseitigen Vernichtung: es klingt, als handele es sich um eine Versicherungsfirma oder eine Baugesellschaft – bis man zum letzten Wort kommt. *Werden* wir zum letzten Wort kommen? MAD ist eine empörende und lächerliche Doktrin und der Wunsch, ihr zu entkommen, bescherte uns SDI. Ich las bereits eine ganze Weile in der Pro-SDI-Literatur, bis ich schließlich auf etwas stieß, das sich zu ihren Gunsten sagen ließe. Sie könnte das Gemetzel eines *zufälligen* Krieges verringern. Am nächsten Tag las ich Daniel Fords brillantes Buch *The Button – Der Knopf* und erfuhr, daß der zufällige Krieg etwas sei, das heute von vielen der heftigsten Kritiker der Atompolitik für absolut unwahrscheinlich gehalten wird. Also gibt es nichts, was für das SDI-Projekt spräche. In der gegenwärtigen Gefahr ist die Entwicklung der Waffen das eigentliche Problem. Möglicherweise liegt eine Zukunft in einer neuerlichen Intensivierung der Verteidigung, kombiniert mit Abrüstung und der langsamen Überalterung der Waffen. Eine neuerliche Intensivierung der Verteidigung unter Beibehaltung des Status quo hieße nur Mehr vom Gleichen. Es bedeutete nur noch mehr Waffen. Waffen sind wie Geld: Keiner weiß, was das Wort *genug* bedeutet. Wenn wir uns selbst aus einem übergeordneten Blickwinkel sehen könnten, der dem kosmischer Zeit nahekäme, wenn wir nur irgendein Gespür für kosmische Kraft, für kosmische Fragilität hätten, dann würde jeder Fingerzeig den gleichen Weg weisen: *nach unten*. Weniger, weniger, weniger. Diesen neuen Weg, in Richtung *mehr*, brauchen wir nicht.

In *The Logic of Deterrence* beschreibt Anthony Kenny, ein Philosoph und ehemaliger Priester und auf der Suche nach moralischem Freiraum in der nuklearen Welt, sein Thema mit unfehlbarer Angemessenheit. Abschreckung ist in ethischer, rechtlicher und menschlicher Hinsicht ein Desaster, und es überrascht keineswegs, daß sie unlogisch ist. Ein Erstschlag ist moralisch unmöglich. Ebensowenig wie der Zweit- oder Rückschlag. Wenn die Abschreckung versagt hat, kann sie rückwirkend nicht durch einen Vergeltungsschlag wieder in Kraft gesetzt werden. Schell bringt es auf den Punkt:

> ... hat ‹die Abschreckung versagt›, bleibt nichts Sinnvolles, das noch zu tun wäre... Wenn der Präsident gefragt wird, was die Vereinigten Staaten zu tun beabsichtigen, falls sie von der Sowjetunion mit Atomwaffen angegriffen werden, kann er nicht antworten: «Ich werde sofort den sowjetischen Ministerpräsidenten anrufen und ihn bitten, damit aufzuhören.» Er kann der Welt nicht erzählen, daß unsere Vergeltung, sollten wir von Atomraketen angegriffen worden sein, ein Telefonanruf sein wird. Denn in dem Moment, in dem er diese Antwort gäbe, würde sich die Abschreckung in ein Nichts auflösen.

Im großen und ganzen ist es ermutigend, daß die Kirchen, unter anderem in Form von päpstlichen Verlautbarungen, Hirtenbriefen und verantwortungsbewußten Aktivitäten, ihr Gewicht für die utopische Einmütigkeit in die Waagschale werfen. Aber Kernwaffen sind die Spiegelbilder, in denen wir alle Versionen der menschlichen Gestalt erkennen können. Die unvergleichbar einflußreichste religiöse Körperschaft auf Erden ist die der Neuen Evangelisten, die konkrete Macht ausüben und sehnlichst einen ‹heiligen atomaren Krieg› erhoffen, der Israel (wo die Feindseligkeiten beginnen werden) erheben und Rußland zerschmettern wird, bevor er die Apokalypse in Szene setzt. Diese Menschen sind Wiedergeborene, und es scheint, sie wollen Wieder-Sterben. Ein ‹heiliger› atomarer Krieg: hier blicken wir in die Schmiede des irrsinnigen Infernos, eines Infernos, das eine unserer möglichen Zukünfte ist.

Ich schreibe diese Worte in Israel. Unsere Gruppe hat gerade das Museum des Holocaust besucht. Unsere Gruppe hat gerade Masada erstiegen. ‹Masada›: obgleich die Masada-Geschichte historisch ungewiß bleibt, ist die mythopoetische Bedeutung für die jüdische Idee augenfällig. (Daher ‹der Masada-Komplex›, in Wahrheit eine Formulierung der ‹hardliner›, um israelischen Maximalismus zu unterstützen.) Unterdrückung, Revolte, Belagerung, Massenselbstmord – Opfer. Ein Holocaust ist ein Opfer, ‹ein Opfer, gänzlich vom Feuer verzehrt... eine Opfergabe, gänzlich verbrannt... ein vollkommenes Opfer›.

Der Blick nördlich vom monströsen Felsbrocken des Masada ist von elementarer Schönheit. Man spürt, wie es ist, auf einem Planeten zu leben; man spürt, wie es wäre, auf einem größeren, unbewohnteren, reineren und unschuldigeren Planeten als dem der Erde zu leben. Alles – die verläßlichen Berge zur Linken, die Hügel und Bodenwellen der Ebene, das Tote Meer, die nebligen Höhen am Jordan – wird vom Himmel beherrscht; sogar die polierten Wasserflächen können nur einen Bruchteil des umschließenden Blaus widerspiegeln. In Wahrheit ist die Biosphäre seicht: der Weltraum, das All nur eine Stunde weit entfernt (der Weltraum liegt näher als Jerusalem); aber der Himmel Judäas gleicht dem Unendlichen. Auf der Erde ist das Terrain ein Terrain für den Krieg, für den konventionellen Krieg: konventioneller Tod, konventionelle Trümmerhaufen, unter gleichen Himmeln. Aber eine andere Art Krieg, ein Atomkrieg (dachte ich mit plötzlichem Schwindel) könnte den *Himmel* zertrümmern. Am gleichen Tag, etwas später, erzählte mir ein Journalist der *Jerusalem Post* vom ‹Warenlager›, einem Gebäude in der Wüste, umringt von Panzerdraht und Wachposten, dem angeblichen Aufbewahrungsort von Israels nuklearem Potential. Es ist nicht ganz eindeutig – ist es nie –, ob Israel die Bombe hat oder nur die Möglichkeiten besitzt, sie herzustellen. Ich würde gern wissen, welchen Sinn diese Waffe haben soll. Welchen Sinn haben sie überhaupt? Beirut und Damaskus sind beide 40 Meilen von Israels Grenze entfernt, eine Stunde weit, wie der Weltraum. Eine Atomwaffe würde für Israel eine Masada-Waffe sein. Das ist es, was Atomwaffen sind: Masada-Waffen.

In der Zwischenzeit besetzen sie unser Seelenleben. Vielleicht gibt es eine nukleare ‹Priesterschaft›, aber dann sind wir die Meßdiener, und wir sind ohne Glauben. Die Sprengköpfe sind unsere Götzenköpfe. Kernwaffen könnten das Buch der Offenbarung in wenigen Stunden verwirklichen; sie könnten es heute noch. Natürlich werden keine Toten auferstehen; nichts wird offenbart werden (*nichts* meint zweierlei, die Abwesenheit von allem und eine Sache, genannt *Nichts*). Geschehen, die wir ‹ein Werk Gottes› nennen – Überschwemmungen, Erdbeben, Vulkanausbrüche – sind harmlose Fleischwunden verglichen mit dem Menschenwerk des Atomkrieges: eine Million Hiroshimas. Wie Gott sind auch die Kernwaffen freie Schöpfungen des menschlichen Geistes. Anders als Gott sind Kernwaffen Wirklichkeit. Und sie sind unter uns.

MAD zu verabscheuen, ist verstehbar und notwendig. Ich vermute jedoch, daß MAD nicht nur eine politische Erfindung, sondern ein Resultat der Waffen selbst ist. Immer wieder kommen wir auf die Waffen zurück, als wären sie Schauspieler und nicht Teile militärischer Anlagen; und sie verdanken diesen Status ihrer kosmischen Kraft. Sie sind Schauspieler und, mit menschlichem Maß gemessen, verrückte Schauspieler. Die Waffen sind verrückt, sie sind MAD: eine andere Gestalt können sie nicht annehmen. In einem seiner philosophischen Räusper erklärt Anthony Kenny ‹Waffen, bloß als Teile unbeweglicher Hardware gesehen, sind natürlich nicht Gegenstand moralischen Urteilens. Erst ihre mögliche Anwendung...› Dem ist nicht so. Kürzlich gewonnene Erkenntnisse lassen den dringenden Verdacht aufkommen, daß Kernwaffen in ruhendem Zustand für eine Vielzahl von Krebsfällen und Leukämien verantwortlich sind. Was für ein Gift, was für eine Kraft, was für eine Reichweite. Noch bevor sie gezündet wurden, verursachen sie Tod.

Die A-Bombe ist eine Z-Bombe, und der Rüstungswettlauf ist ein Wettlauf zwischen den Kernwaffen und uns selbst. Sie oder wir. Was machen Atombomben? Wofür sind sie da? Seit wann wollen wir uns alle umbringen? Kernwaffen verzögern einen nuklearen Holocaust, indem sie mit einem nuklearen Holocaust drohen, und wenn die Dinge schieflaufen, dann steht uns ein nuklearer Holocaust bevor. Wenn die Sache nicht schiefläuft, und auch für die nächsten Tausende und Abertausende von Jahren nicht schiefläuft (die vielzitierten vierzig Jahre sind in kosmischer Zeit nicht mehr als vierzig Augenblicke), dann steht uns... Was steht uns bevor? Was wird aus uns?

Kann sein, die Gäste auf der vielrassigen Kinder-Teeparty benehmen sich etwas besser, seit die Aufseher da sind. Der kleine Iwan hat aufgehört, Fetnab an den Haaren zu ziehen, obwohl er ihr unter dem Tisch immer noch gegen das Schienbein tritt. Bobby gab das Stück Kuchen zurück, das rechtmäßig der kleinen Conchita gehörte, aber er hat ein Auge auf dieses Sandwich da geworfen und wird wahrscheinlich früher oder später einen Satz danach machen. Draußen auf dem Rasen sorgen die Aufseher für eine Art Ordnung, aber im großen und ganzen ist das Verhalten wohl so eiszeitlich, wie es schon immer war. Im besten Fall sehen die Kinder eigenartig unterwürfig oder farblos aus. Sie wissen, die Aufseher sind da, aber sie wollen sie nicht sehen, sie wollen ihre Aufmerksamkeit nicht auf sich lenken. Sie wollen nicht über sie nachdenken. Denn die Aufseher sind dreihundert Meter groß und bespickt mit Dynamit und Rasierklingen, ein bißchen von einem Flammenwerfer und einem Maschinengewehr, von Hackebeil und Wurstspieß, sprudelnd vor Tollwut, Milzbrand, Pest. Seltsamerweise achten sie gar nicht auf die Kinder. Mit den blutunterlaufenen Augen von Höllenhunden, faulige Flüche murmelnd und ihre Fäuste schüttelnd, starren sie sich gegenseitig an. Sie wollen sich mit jemandem ihrer eigenen Größe anlegen...

Wenn sie es nur wüßten – nein, wenn sie es nur *glauben* wollten – die Kinder könnten die Aufseher einfach bitten zu gehen. Aber das scheint unmöglich, nicht wahr? Es scheint – es scheint undenkbar. Ein Schweigen fällt über den Rasen. Die Party dauert noch nicht sehr lange, und sie muß weitergehen, bis zum Ende der Zeit. Die Kinder sind schon weinerlich und fiebrig. Sie fühlen sich krank und wollen nach Hause.

Bujak und die starke Kraft *oder* Gottes Würfelspiel

Bujak? Klar, den kannte ich. Die ganze Straße kannte Bujak. Ich kannte ihn vorher, und ich kannte ihn danach. Wir alle kannten Bujak – sechzig Jahre alt, klobig, ganz Muskeln und Sehnen. Bujak, wie er lächelnd neben einem Feuerchen im Hof steht, wie er Tische und Sofas auf seinem Rücken trägt, eine Teekiste voller Bücher mit einer Hand hebt. Bujak, der Kraftmensch. Ein Träumer war er auch, ein Leser, ein Plappermaul... Man schlief gleich viel ruhiger, wenn man wußte, daß Bujak in der gleichen Straße wohnte. Das war 1980. Ich lebte in London, West London, Faschingsland, eine Gegend, die die Polizei nur *die Front* nannte. DR ALIMANTADO, SONS OF THUNDER, RACE WAR, NO FUTURE: Rastafari-Locken, von Narben entstellte Mädchen in Kellerkneipen. Diese farbigen Typen redeten die ganze Zeit wie streitsüchtige Besoffene. Wenn ich nach Manchester fuhr, um bei meiner Freundin zu übernachten, ließ ich immer einen Schlüssel bei Bujak. Seine Hände, die waren so hart wie Kohle, die Fingernägel so rechteckig und symmetrisch wie seine Zähne. Und die Oberarme, die Popeye-Oberarme, gewaltig und mit Tätowierungen übersät und brutal, Waffen von monströser Kraft. Er war groß, trotzdem schien die Energie in ihm dicht zusammengeballt, als wäre er die komprimierte Ausgabe eines noch größeren Mannes; er stand für solide Festigkeit. Ich bin so groß wie Bujak, aber halb so schwer. Nein, weniger. Bujak erzählte mir einmal, um aus nichts einen Mann zu schaffen, bräuchte es die gleiche Energie wie für eine Explosion von tausend Megatonnen. Wenn man Bujak sah, konnte man das glauben. Für mich hätte ein einziges Stäbchen TNT gereicht – oder eine Handgranate, ein Knallfrosch. In seinem physischen Umgang mit mir (ihr wißt schon, die Art und Weise, wie jemand durch ein Zimmer geht, kann ein physisches Ereignis sein) zeigte er die liebevolle Herablassung, die große Menschen für kleine an den Tag legen. Vielleicht war er auch zu jedem so. Er war ein Beschützer. Und dann geschah dem guten Bujak, dem fürsorglichen, grinsenden Bujak das schlimmste Ding. Ein persönlicher Holocaust. In den Tagen danach sah und fühlte ich Bujaks ganze Gewalttätigkeit.

Sein Leben war tief im Jahrhundert verankert. Ein geborener Krieger, kämpfte er 1939 in Warschau. Er verlor seinen Vater und seine zwei Brüder bei Katyn. Er war im Widerstand – sein ganzes Leben lang war er im Widerstand. Mit dieser Berechtigung marterte er (und dies ist eine Geschichte von Gewalttätigkeiten, von Martern) Nazikollaborateure mit vielen raffinierten Folterqualen. Er war beim Aufstand der *Armia Kraiova* dabei und wurde im Dezember 1944 inhaftiert. In den Nachkriegsjahren arbeitete er bei einem Wanderzirkus als Kraftmensch, bog Eisenstangen, krachte mit dem Kopf durch Ziegelwände, zog Lastwagen mit seinen Zähnen hinter sich her. 1956, im Jahr meiner Geburt, war er beim Polnischen Oktober dabei und im November in Ungarn. Dann die Vereinigten Staaten, die Hallen, Warteschlangen und Zellen auf Ellis Island, zusammen mit Frau, Mutter und kleiner Tochter. Weil sie gesundheitlich in keiner besonders guten Verfassung war, kam seine Frau Monika in New York in ein Krankenhaus, sie infizierte sich durch Krankenhausbazillen und starb über Nacht. Bujak arbeitete als Schauermann in Fort Lauderdale. Er bezog und verteilte harte Prügel – an Streikbrecher, kleine Gangster und Gewerkschaftsschläger. Aber, wie man es gemeinhin erwartet, er gedieh in Amerika. Nach England brachte ihn, glaube ich, eine Art (fehlgeleiteter) Sehnsucht nach Polen oder eine Art polnischer Snobismus und der Wunsch nach Frieden. Bujak hatte das zwanzigste Jahrhundert gelebt. Und dann, eines Tages, richtete das zwanzigste Jahrhundert, ein Jahrhundert wie kein anderes, seine Forderungen an ihn. Ich bin mir sicher, Bücher-Bujak selbst sah es als eine irgendwie postnukleare, Einsteinsche Katastrophe. Jedenfalls war es das Ende seiner Welt. Ja, es war Bujaks großer kritischer Moment.

Das erste Mal traf ich Bujak an einem winterlichen Morgen im späten Frühling des Jahres 1980 – oder im Jahr PN 35 entsprechend des postnuklearen Kalenders, den er manchmal vorzog. Wie üblich war irgendwas an Michikos Auto nicht in Ordnung (diesmal war es ein platter Reifen), und ich hockte auf der Straße und fummelte mit den Einbrecherwerkzeugen und dem Ersatzreifen herum. Gefaßt und schweigsam beobachtete Michiko mich mit traurigem Blick. Die

Schrauben des alten Reifens hatte ich immerhin schon gelöst – aber die Nut für den Wagenheber sah verdächtig mürbe aus und war völlig verrostet. Das langleidende kleine Auto empfing den vertikalen Speer in sein Fahrgestell und blieb stoisch am Boden haften. Ich muß gestehen, daß ich sowieso schon auf sehr schlechtem Fuß mit dem Leblosen in der Welt stehe. Sogar wenn ich mir eine Tasse Kaffee mache oder eine Birne (oder eine Sicherung!) wechseln muß, denke ich: Was hat es nur mit den Dingen auf sich? Warum sind die so aggressiv? Was haben die an *mir* auszusetzen? Dinge und ich, das kann so nicht weitergehen. Wir müssen uns auf einen Kompromiß einigen, einen Waffenstillstand, bevor einer von uns etwas Unüberlegtes unternimmt. Ich muß mich mal mit den Abgesandten der Dinge treffen und einen Deal mit ihnen austüfteln.

«Hör schon auf, Sam», sagte Michiko.

«Besorg dir einen vernünftigen Wagen», gab ich zurück.

«Bitte, hör einfach auf. Hör auf! Ich ruf lieber den Abschleppdienst.»

«Besorg dir einen vernünftigen Wagen», sagte ich und dachte – oder einen vernünftigen Freund. Auf jeden Fall sah ich, als ich das Werkzeug zurück in die Kiste warf und meine Hände und meine Tränen abwischte, wie Bujak über die Straße auf uns zusteuerte. Mißtrauisch beobachtete ich, wie er näher kam. Ich hatte diesen ungeschlachten, diesen atavistischen Polacken schon vom Fenster meines Schreibzimmers gesehen, wie er hier und da auf der Straße mit anpackte, immer bereit, seine primitiven Muskeln spielen zu lassen und alles besser zu wissen. Ich war nicht besonders glücklich, ihn zu sehen. Ich hatte genug von der Paranoia-Standardausgabe, damals jedenfalls. Heute bin ich etwas erwachsener geworden, und ich habe erkannt, daß ich vor nichts Angst zu haben brauche, außer vor dem Ende der Welt. So wie jeder andere auch. Wenigstens wird es im nächsten Krieg keine Feiglinge, Eisenfresser oder Wettbewerbe in Unbeliebtheit geben. Völkervernichtung war schon dran, als nächstes steht uns was Größeres ins Haus. Selbstmord.

«Bist du ein Jude?» fragte Bujak mit seiner tiefen, heiseren Stimme.

«Ja», sagte ich, kurz angebunden.

«Name?»

Und Nummer? «Sam», antwortete ich.

«Abkürzung von?»

Ich zögerte und fühlte Michis Blick in meinem Rücken.

«Samuel vielleicht?»

«Nein», sagte ich, «von Samson.»

Das Grinsen, mit dem er mich bedachte, war vielsagend. Am deutlichsten sagte es, daß er ein glücklicher Mann war. Dies Grinsen, ganz Augen und Zähne, war einfach lächerlich in seiner Fröhlichkeit, in seiner Offenheit. Aber andererseits ist Glückseligkeit ein ziemlich närrischer Zustand, wenn man es sich einmal genau überlegt. Ich meine, eine Rund-um-die-Uhr-Glückseligkeit ist doch kaum eine angebrachte Reaktion. In meinen Augen verlieh ihm das eine Spur von Labilität, von falscher Kraft, von Gewalttätigkeit. Aber Bujak war ganz offensichtlich glücklich in seiner Welt. Bujak mit seinem inneren Glücksaggregat.

«Die meisten Juden sind hier oben stark», sagte er und tippte mit einem Finger auf seinen rasierten Schädel, «aber nicht mit ihren Händen.»

Bujak war stark mit *seinen* Händen: um es zu beweisen, bückte er sich und hob den Wagen an.

«Du machst Witze», sagte ich. Aber er machte keine Witze. Als ich anfing zu arbeiten, schwatzte er schon mit Michiko, fragte sie ganz nonchalant, ob sie jemanden aus ihrer Familie in Nagasaki oder Hiroshima verloren hätte. Michi hatte, wie sich herausstellte – ein Vetter ihres Vaters. Das war mir neu, überraschte mich aber nicht. Scheinbar verliert jeder irgend jemanden in den großen Toden. Bujak wechselte sorglos seine Stellung, und einmal hob er sogar ganz in Gedanken eine Hand, um sich am Kopf zu kratzen. Der Wagen schwankte nicht einmal. Ich beobachtete Bujak, während ich arbeitete, und sah, daß die Kraft, über die er verfügte, mit den Schultern oder dem großen gebogenen Rücken nichts zu tun hatte – nur mit den Armen, den Armen. Es war, als würde er die Luke von einem Kellerloch anheben oder ein Badehandtuch hochhalten, damit ein kleines Mädchen am Strand sich umziehen kann. Dann nahm er grob den Schraubschlüssel aus meinen Händen und kniete sich hin, um die Schrauben anzuziehen. Als seine gemaserte Schädelplatte wieder nach oben ragte, kniff Bujak seine Augen zusammen und ließ sie, ebenso grob und keineswegs amüsiert, über mein Gesicht wandern. Er nickte Michi zu und sagte zu mir:

«Und wen hast du verloren?»

«Wa?» sagte ich. Wenn ich die Frage richtig verstanden hatte, ging ihn die Antwort nichts an.

«Ich spende jedes Jahr Geld für Israel», sagte er. «Nicht viel. Etwas. Warum? Weil der Ruf der Polen bei den Juden beschämend ist. Sogar noch nach dem Krieg», sagte er und grinste. «Ziemlich beschämend. Paß auf. Es gibt eine Reparaturwerkstatt für Reifen in der Basing Street. Sag ihnen einen Gruß von mir, und sie werden einen vernünftigen Preis verlangen.»

Danke, sagten wir beide. Er zog los, maß die Straße mit seinen Schritten. Später sah ich vom Fenster meines Schreibzimmers, wie er die Rosen im winzigen Vorgarten beschnitt. Ein kleines Mädchen, seine Enkelin, kroch ihm über den Rücken. Ich sah ihn oft vom Fenster meines Schreibzimmers. In jenen Tagen, 1980, wollte ich versuchen, ein Schriftsteller zu sein. Heute nicht mehr. Ich vertrag das Schreibzimmerleben nicht, ein Leben fürs Schreiben. Dies ist die einzige Geschichte, die ich jemals erzählen werde, und diese Geschichte ist wahr... Michiko war sofort von Bujak begeistert und schob noch an dem gleichen Nachmittag eine ‹Danke schön›-Karte unter seine Tür. Aber es dauerte noch einige Zeit, bis ich mich wirklich mit Bujak verstand.

Wie es so geht, wenn man mit der Idee spielt, schreiben zu wollen, erkundigte ich mich nach diesem Original. Es war, wie ich schon sagte, jeder kannte Bujak. In den Straßen, den Kneipen, den Läden redete man über ihn wie über jemanden, der jede Arbeit machen konnte, einen omnikompetenten Alleskönner: die ganzen Systeme, die ein Haus funktionieren lassen, die es am Leben erhielten – Bujak konnte mit ihnen umgehen, mit den Adern, den Membranen, den Drüsen und den Gedärmen. Er war auch als Exzentriker abgestempelt, als Sterngucker, ‹Philosoph› – nicht gerade, so riet ich, ein geschätzter Ruf in dieser Gegend –, und gelegentlich hieß es, er sei völlig *bekloppt*, ein *nutter* (eines dieser Worte, die, wie *quid* und *bloody*, zwischen amerikanischen Lippen immer falsch klingen). Die Leute schätzten ihn als Familienvater: einmal, er war ziemlich weit entfernt, konnten Michi und ich ihn gerade noch vor der russischen Kirche an der Kreuzung von St. Petersburgh Place und Moscow Road erkennen, Anzug, mit seiner Mutter, seiner Tochter und seiner Enkelin, er hielt sich ganz gerade in seinem Anzug; ich erinnere mich, daß ich dachte, sogar auf den riesigen Bujak kann etwas von dieser aufgeregten Betulichkeit abfärben, die man annimmt, wenn man in einem Haus voller Frauen lebt. Aber am liebsten und mit Leidenschaft sprachen sie natürlich von Bujak, dem Friedenshüter, dem Beschützer, dem Meister der rauhen Gerechtigkeit. Sie sprachen von kleinen Gefechten, von Blutrache, von Ein-Mann-Kriegen, den Präventivschlägen. In der Kneipe stehend, ein schulterloser und bebrillter Amerikaner, der linkisch seinen Bierkrug hält oder über den Ladentisch starrt, oder an einer Straßenecke steht, mit der Milchtüte und der Zeitung unter dem Arm, wurde ich mit Geschichten über Bujak und die starke Kraft eingedeckt.

Von damals, als er sich die zwei farbigen Kids fing, die bei den Fenstern im Kellergeschoß des Nachbarn herumschnüffelten und die er, als würde er einen Graben ausmisten, mit einem leichten Klaps aus dem Handgelenk auf die Straße fegte. Oder davon, was er mit ihren großen Brüdern machte, als sie ihn in der nächsten Nacht in der Golborne Road anfielen. Jeder Raufbold und jeder Einbrecher, den Bujak erwischte, wünschte sich bald, er läge unter dem Wasserstrahl in irgendeinem schönen sicheren Kittchen. Er nahm es mit jedem auf. Einmal, als er in Fehde mit dem Stadtrat lag, zog er einen Container voll Schutt hundert Meter von seiner Haustür weg. Eines Nachts ging er los und kippte, nach einem Streit um einen Generator mit irgendeinem ortsansässigen Bauunternehmer, einen Lastwagen auf die Seite. Die Frauen Bujaks konnten zu jeder Zeit über die All Saints Road gehen, ohne Ärger zu befürchten. Und nur indem er daran vorbeiging, konnte Bujak eine Kneipe zur Ruhe bringen. Trotzdem war er allgemein beliebt. Er war der Gemeinschaftsmann, und so eine Gemeinschaft wie die Straße lag in Bujaks Zuständigkeit. Er war unsere Abschreckung.

Und es war nicht genug... Heute, 1985, wenn ich hier in der Upper West Side sitze, die gegen meine Fenster röhrt und mein Herz befingert, kann ich kaum glauben, daß eine Stadt etwas anderes als die Summe ihrer Straßen ist. Manchmal, in meinen Träumen von den alltäglichen Gefahren in einer Stadt wie New York, starre ich auf die Stadt unter mir – und sehe, sie sieht halbfertig und halbzerstört aus, wie die eine Hälfte (wahrscheinlich die untere) von etwas Größerem, das in zwei Teile zerrissen wurde, ausgefranst, zerfetzt, feucht von Regen oder flüssigem Lot. Und ihr wollt mir wirklich erzählen, sag ich zu mir, daß dies eine *Gemeinschaft* sein soll?... Meine Frau und mein Kind bewegen sich unter all diesen, diesen Vergewaltigungen, diesen Abfalleimern des Lebens, den unschuldigen Mördern. Michiko gibt unser kleines Mädchen dort, wo sie arbeitet, in die Tagesaufsicht. Tagesaufsicht – das ist gut. Aber wie steht es mit Dämmerungsaufsicht, wie mit einer Nachtaufsicht? Wenn ich nur eine Kraft hätte, mit der ich sie umgeben könnte, wenn ich doch nur die starke Kraft hätte... Bujak hatte recht. Es gibt einzelne losgelöste Komponenten, beschleunigte Partikel in der Stadt – irgend etwas *hat* sich gelockert, irgend etwas schlängelt, schleudert, wirbelt, springt aus den Rillen. Irgend etwas muß nachgeben, und man ist nicht mehr sicher. Man muß fürchterlich vorsichtig sein. Denn die Sicherheit ist aus unserem Leben verschwunden. Für immer. Und was geschieht mit Tieren, wenn man sie ständig nur der Gefahr aussetzt? Sie sorgen für mehr Gefahr, für viel, für sehr viel mehr.

Es war 1980, das Geburtsjahr von Solidarität, und Bujak war Pole. Diese Kombination von Umständen ließ mich vermuten, daß Bujak in seinen Einstellungen liberal war. Aber eigentlich ergab das keinen Sinn. Wenn ich stolz mit ihm zum Holzplatz oder zu den Heimwerkerläden in der Nähe der Portobello Road schlenderte, dann fauchte Bujak jedesmal wutschnaubend gegen die Farbigen, die *czarnuchy*, wie sie um uns her stolzierten und schnatterten. Zwischen Sonne, Brandung und einem Haufen Bananen, argumentierte er grinsend, wären die Schwarzen ja ganz okay, aber in einer westlichen Stadt wären sie einfach wie Kinder – wie wütende Kinder außerdem, begreiflicherweise. Einmal blieb er völlig verblüfft stehen, um zwei schwule Punks zu bestaunen, die, in NO FUTURE-T-Shirts, die Haare hochgesteckt zu einem Alte-Frauen-Dutt, Händchen haltend auf uns zukamen. «Das ist wirklich unglaublich», sagte er, mit rollendem *r*. Bujak sah die miserable Lage der Tunten und auch, warum es so viele von ihnen gab –, als einen weiteren Teil des Einsteinschen Problems. Er gestand mir, er träume davon, eine Kavallerieattacke gegen diese Straßen und ihr seltsames Ensemble zu reiten – der Klang der Hufe, die wirbelnden Degen. «Ein Verlangen, das ich natürlich unterdrücke. Aber wenn ich einfach nur einen Knopf drücken könnte...» fügte er hinzu und glotzte gierig nach den *pedaly*, den *czarnuchy*, den Bewohnern der Straßen, wie sie flanierten und gestikulierten und sich neu gruppierten und weitergingen.

Der Hang zur Gewalttätigkeit in einem Menschen ist gewöhnlich der Überschuß von etwas anderem. Man weiß ja, wie es ist. Man kennt diese Typen. Ich scheine einen schon fast lähmenden Spürsinn für Gewalt bei anderen Menschen zu haben, einen Detektor für jene Flecken verseuchten Abfalls, jene Maßlosigkeit, die in Kraft überschwappt. Wie ein Kanarienvogel in einer Kohlengrube aus der Vorkriegszeit bin ich ein Frühwarner für Gewalt oder für Gift in der Luft. Wie soll man diese Passion nennen? Nennt es *Furcht*, wenn ihr wollt. *Furcht* ist ganz in Ordnung. Die erhobene Stimme im Restaurant und ihr säuerlicher Beigeschmack von Brutalität und Alkohol; der Blick, den ein Mann seiner Frau zuwirft, der sie auf der menschlichen Skala degradiert und sie so vorbereitet für die menschliche Schande durch Gewalt, für das pumpende Knie, das feuchte Auge, für die Kneipe fünf Minuten vor Sperrstunde. Ich sehe das alles – mein Körper sieht es und läßt Adrenalin fließen und den Schweiß. Wenn ich Blut sehe, werde ich ohnmächtig. Ich werde schon ohnmächtig, wenn ich nur ein Heftpflaster oder Aspirin sehe. Dieses Gespür für gefährdete Schwäche (bei mir selbst, meiner Frau, meiner Tochter, sogar dem armen Planeten, so babyblau in seinen Schals) trieb mich schließlich aus meinem Schreibzimmer. Im Schreibzimmerleben gibt es nur Gedanken und Angst, und ich wurde mit dem Schreibzimmerleben nicht länger fertig.

Spät am Abend, in Bujaks großem, aromatischem, von Ikonen verseuchtem Appartment (der blaue Glanz von Heiligen, Kerzen, Nachtgebeten) musterte ich, auf der Suche nach den anomalen Wucherungen der Gewalt, den großen Polen genau. Seine Mutter, die alte Roza, goß den Tee auf. Die alte Frau (‹rouge› mit einem *a* am Ende) beruhigte mich mit ihrer ikonischen Gegenwart, dem feuchten, wie Silber granulierten Haar, als Bujak über die starke Kraft redete, über die Energie, eingeschlossen in der Materie. Grinsend im Dämmerlicht erzählte mir Bujak, was er 1943 in Warschau mit dem Nazikollaborateur gemacht hatte. O Mann, dachte ich, ich wette, dem Typen war danach die Lust aufs Kollaborieren so ziemlich vergangen. Jedenfalls konnte ich meinen Abscheu nicht verbergen. «Aber freust du dich nicht darüber?» drängte Bujak. Nein, sagte ich, warum sollte ich? «Durch diese Menschen hast du zwei deiner Großeltern verloren.» Ja, sagte ich. Und? Das ändert doch nichts. «Rache», sagte Bujak nur. Rache wird überbewertet, erzählte ich ihm. Und sie ist überholt. Mit leidenschaftlicher Verachtung sah er mich an. Er öffnete seine Arme in einer erklärenden Geste: die Hände, die Arme, die Polizisten seines Willens. Bujak war ein großer Fan von Rache. Er hatte viel Zeit für Rache.

Ich sah ihn einmal, wie er diese Arme gebrauchte, diese Waffen. Ich sah das Ganze vom Fenster meines Schreibzimmers, diesem vierflächigen Bildschirm (mondbefleckt, durchbrochen vom Fensterkreuz), über den die Welt damals zu mir drang. Ich sah, wie die vier Typen aus den zwei Wagen stiegen und sich vor Bujaks kleiner Veranda sammelten. Hörte ich einen Schrei von innen, einen Warnschrei oder einen Schrei der Sehnsucht?... Bujaks Tochter bereitete dem alten Mann eine Menge Kummer. Ihr Vorname war Leokadia. Ihr Nachname hieß Ärger. Sie war von ländlichem, doch bezauberndem Aussehen, dreiunddreißig, groß, plump, wild und greinerlich und das instabile Element in Bujaks Kern. Ich wußte, sie hatte zwei Stimmen, eine für die Wahrheit und eine für den Unsinn, für die Lügen. Gegen die braune und glänzende Oberfläche ihres altmodischen Kleides hoben sich die konvexen und konkaven Formen auf nicht uninteressante Weise ab. *Ihre* Tochter, die kleine Boguslawa, war der Bankert einer chaotischen zwölfstündigen Liebschaft. Die ganze Straße wußte, daß Leokadia läufig war: die Art Mädchen (sagten wir immer), das jedesmal in Wallung gerät, wenn es einen Mannschaftswagen der Armee sieht. Sie versuchte es sogar bei mir, hier in dieser Wohnung. Ich brauche wohl kaum zu sagen, daß ich nicht mitspielte. Ich hatte meine Gründe: Angst davor, daß Michiko und Bujak es mir heimzahlten (beide drohten in meinem Kopf, widersinnigerweise gleichgroß); aber der tiefere Grund war, daß ich mir überhaupt nicht sicher war, ob ich mit jemandem wie Leokadia im Bett überhaupt fertig würde. Diese Unmengen Brust und Schenkel. Diese Sommersprossen und Tränen... Sechs Monate hatte sie mit einem Mann zusammengelebt, der sie schlug, der wendige kleine Pat, sehnig, knochig, wortkarg. Ich glaube, sie schlug ihn auch, ein bißchen. Aber Gewalt ist letztlich eine männliche Errungenschaft. Gewalt – das ist Männersache. Leokadia ging immer wieder zu Pat zurück, fragt mich nicht warum. Ich weiß es nicht. Sie wissen es nicht. Da geht sie wieder, schnurrt zurück zu ihm auf ihren hochhackigen Schuhen, mit einem blauen Auge, aufgeschürfter Wange, zerzausten Haaren. Keiner weiß warum. Nicht einmal sie wissen es. Überraschenderweise hielt sich Bujak aus allem raus, hielt Abstand, blieb ruhig und fest – aber er versuchte, das kleine Mädchen Boguslawa sicher im Haus und von allem Zank fernzuhalten. Manchmal konnte man die alte Roza sehen, wie sie das Kind von einer Wohnung in die andere hinüberbrachte. Nach dem zweiten Aufenthalt im Krankenhaus (gebrochene Rippen diesmal) ließ Leukadia es gut sein und kam für immer nach Hause zurück. Dann tauchte Pat mit seinen Kumpeln auf und traf auf den wartenden Bujak.

Die drei Männer (ich konnte alles genau sehen) hatten dieses unverkennbare Etwas, den Zuschnitt englischer böser Buben, stolzen Schritt und streichholzdünne Beine, die vom Knie an abwärts sich nach außen bogen, mit schütterem Haar und jungverbrauchten Gesichtern, als hätten sie den Prozeß des Älterwerdens um einiges schneller hinter sich gebracht und nicht immer nur ein Jahr nach dem anderen. Ich weiß nicht, ob diese Gestalten in amerikanischen Breitengraden irgend jemandem Angst eingeflößt hätten, aber möglich wär's, groß genug waren sie, und ihre Absicht war eindeutig. (Habt ihr von den Yablonsky-Morden gelesen? In den Staaten kommen sie heutzutage und erledigen die ganze Familie, wenn man auf ihrer Liste steht. Sie besorgen es einem im familialen Holocaust.) Mir machten sie jedenfalls angst. Ich krümmte und wand mich an meinem Tisch, als Pat sie durch das Gartentor führte. Ich haßte den weiten Schlag seiner Jeans, die geschmeidigen Turnschuhe, die kurze Adidas-Jacke. Dann öffnete sich die Eingangstür: Bujak mit Brille, über seiner Weste Hosenträger, alt, riesig. In einem Reflex, der Ernst und Verachtung ausdrückte, lokkerten die Männer ihre Schultern und ließen ihre Hände schlagbereit baumeln. Worte wurden gewechselt – Forderung, Ablehnung. Sie kamen näher.

Und dann muß ich geblinzelt haben, oder ich hatte meine Augen für einen Moment geschlossen, oder ich duckte mich (oder fiel in Ohnmacht). Ich hörte drei Schläge in regelmäßigem Sekundentakt, klar, direkt und mörderisch, jeder wie eine Axt, die gefrorenes Holz spaltet. Als ich wieder aufsah, lagen Pat und einer seiner Freunde auf den Stufen, die anderen Typen machten sich davon, fort vom Ort dieses Zwischenfalls, dieser Demonstration. Ausdruckslos kniete sich Bujak hin, um Pat auf dem Boden noch einen Nachschlag zu verpassen. Ich sah zu, wie er das Haar zurückzog und sorgfältig seine Neutronenfaust in Pats nach oben gedrehtes Gesicht pflanzte. Ich mußte danach gehen und mich etwas hinlegen. Aber einige Wochen später sah ich Pat allein im London Apprentice sitzen; er zitterte reumütig in der Ecke hinter der Musikbox, die geschwollenen Striemen auf seiner Backe zeigten alle Farben des Regenbogens, und er trank sein Bier mit einem Strohhalm. Mit diesem einen Schlag war ihm alles heimgezahlt worden, was er Leokadia angetan hatte.

Bujak und ich waren immer kurz davor, befreundet zu sein. Ich weiß nicht, ob wir es jemals wirklich waren. Mit Altersunterschieden ist es nicht leicht. Mit Unterschieden in der Kraft ist es nicht leicht. Freundschaft ist nicht leicht. Als Bujaks eigener Holocaust über ihn kam, konnte ich ihm etwas helfen, ich war besser als nichts. Ich ging zum Gericht. Ich ging zum Friedhof. Ich nahm meinen Anteil der starken Kraft auf mich, so wenig es auch war... Ungefähr ein dutzendmal während jenes Sommers, bevor die Katastrophe geschah (sie kam auf ihn zu, langsam, aber immer schneller), saß ich spät abends noch mit Bujak auf seiner Veranda hinter dem Haus, die Frauen waren schon zu Bett. Bujak träumte mit offenen Augen. Er redete und trank seinen Tee. «Wenn man mit Lichtgeschwindigkeit reisen könnte», sagte er einmal, «könnte man das ganze Universum in weniger als einer Sekunde durchqueren. Zeit und Entfernung wären aufgehoben und jede Zukunft möglich.» Kein Scheiß? dachte ich. Oder: «Wenn man sich am Rand einer Singularität aufhalten könnte, würde die Zeit so langsam vergehen, daß eine Nacht in fünfundvierzig Sekunden vorbei wäre, und im Zeitraum von sieben Tagen fänden in Amerika drei Wahlen statt.» Drei Wahlen in einer Woche, sagte ich zu mir. Mann, wäre das eine langweilige Woche. Und warum ist *er* der Träumer, während ich an den Niederungen der Erde hafte? Ich fühlte mich oft gemein, wenn ich Bujak so verachtete, aber ich hatte auch eine Spät-am-Abend-Wärme für ihn übrig, für den Zuwachs von Erfahrung (wie ein Bildhauer hatte die Zeit an seinem Gesicht gearbeitet, schrecklich langsam), und ich hatte Angst vor ihm – ich hatte Angst vor der Energie, die, aufgewickelt wie ein Knäuel, in Bujak gebunden und verschlossen lag. Während ich auf unsere kleine Scheibe mit Sternen starrte (und vielleicht läßt es sich in anderen Galaxien besser leben als in unserer eigenen: sauberer, sicherer, nobler), spürte ich nur die falsche Stille der schwarzen Nachtkarte, ihre Schönheit, die große und routinierte Gewalt verbarg, das fliehende Universum, die Materie, die auseinanderschnellt, die in Richtung der Grenzen von Raum und Zeit explodiert, alle Zerrungen und Krümmungen, jede Hubble-Konstante und jeden Doppler-Effekt, unendlich und ewig feindlich... An diesem Abend, an dem ich schreibe, ist der Himmel über New York voller Sterne – denselben Sternen. Da. Da kommt Michiko die Straße entlang mit unserem Kind. Sie haben es geschafft. Endlich zu Hause. Über ihnen warfen die Götter einen schlechten Wurf mit ihren schwarzen Würfeln: Dreier und Fünfer und Einer. Der große Bär hat gerade eine Vier und eine Zwei geschafft. Aber wer wirft die Sechs, die Sechs, die Sechs?

Alle absonderlichen, modernen Gebrechen, alle neuen Verzerrungen und Unruhen schrieb Bujak der einen Sache zu: Einsteinschem Wissen, Wissen von der starken Kraft. Es war sein zentrales Paradoxon, daß das größte – das reinste, das magischste – Genie unserer Zeit die Erde mit solch einem Dreck, solcher Gottlosigkeit und Panik bekannt machen sollte. «Aber das ist typisch zwanzigstes Jahrhundert», sagte er: von Anfang an war dies das Jahrhundert, in dem die Ironie wirklich zu sich selbst fand. Ich habe Vettern und Onkel, die über Einstein sprechen, als wäre er der Star eines Ballspiels, Kapitän einer Mannschaft, genannt die Juden («dieser Verstand», «Mensch, guck dir das Köpfchen von dem an»). Bujak sprach von Einstein, als wäre er, wäre Gott ein Dichter, dessen literarischer Kritiker. Ich vermute, da ich gleichmütiger bin, daß Gott eher ein Romanschreiber ist – ein geschwätziger und zutiefst verdorbener dazu... Ich fand, Bujaks Theorie hatte tatsächlich eine Menge für sich. Sie war wenigstens ganzheitlich. Sie beantwortete die große Frage. Ihr kennt die Frage, die ich meine, und ihre kumulative Unruhe, ihre vielfältige Bedeutung. Ihr fragt euch diese Frage jedesmal, wenn ihr eine Zeitung öffnet oder den Fernseher anmacht oder zwischen den Söhnen des Donners über die Straße geht. Neue Formationen, Deformationen. Ihr kennt die Frage. Sie lautet: *Was zum Teufel ist hier eigentlich los?*

Mit jedem Tag steht es schlechter um die Welt. Geht es ihr schlechter oder sieht sie nur so aus? Die Welt wird älter. Die Welt hat alles gesehen und alles getan. Mann, ist die fertig. Mörderisch. Wie Leokadia hat die Welt zu viel zu oft mit zu vielen Leuten getrieben, auf diese Art, auf jene Art, mit ihm und mit ihm. Die Welt war auf so vielen Parties, bei so vielen Krächen, hat ihre Schlüssel verloren, ließ sich die Handtasche klauen, ist hingefallen und hat zuviel getrunken. Es stimmt alles. Die Rechnung wird präsentiert. Unser ironisches Schicksal. Man muß sich ja nur die modernen Infamien, die Sünden des zwanzigsten Jahrhunderts einmal ansehen. Ein paar sind seltsam, einige banal, aber alle sind sie eine Beleidigung fürs Auge, bedeckt mit ihrer eigenen Nachgeburt. Gewaltverbrechen ohne Grund oder als Freizeitvergnügen, der immer schamlosere Totalitarismus des Geldes (Geld – was *ist* das eigentlich für eine Scheiße?), die Pornoschwemme, der nukleare Zusammenbruch der Familie (in der die Brüter das superkritische Stadium erreicht haben, und die Kinder schon auf gleichem Weg sind), die simulierte Wirklichkeit, verschwommen und verzerrt, der sexuelle Mißbrauch der ganz Alten und der ganz Jungen (der Schwachen, der Schwachen):

Was ist der verborgene gemeinsame Nenner, was könnte es *alles* erklären?

Mit Bujaks Worten, wenn ich ihn richtig verstanden habe… Wir leben in einem schändlichen Schattenland. Unter der Hand hat sich unsere Vorstellung vom menschlichen Leben verändert, verwässert. Wir können kaum umhin, weniger davon zu halten. Die menschliche Rasse hat sich selbst deklassiert. Sie lebt nicht länger, sie überlebt nur noch, wie ein Tier. Wir ertragen die Scham des Selbstmords, die Scham des Mörders, die Scham des Opfers. Gemeinsam haben wir nur den Tod. Und was hat der mit dem Leben zu tun? So jedenfalls sah Bujaks Mängelliste aus. Selbst wenn die Welt sich morgen abgerüstet hätte, würde die Spezies immer noch wenigstens ein Jahrhundert brauchen, um sich zu erholen, nach ihrer Liaison, ihrem Flirt, ihrer Kiste mit der starken Kraft.

Theoretisch zumindest, denn Bujak war unumstößlich davon überzeugt, daß das Ende der Welt nahe sei. Wie sollte der Mensch (dieses gefährliche Geschöpf – man muß sich doch nur die *Liste seiner Taten* einmal anschauen), wie sollte der Mensch der trunkenen Faszination des perfekten Verbrechens widerstehen können, einem Verbrechen, das alle Beweise vernichtet, alle Wiedergutmachung, jede Vergangenheit, jede Zukunft? Ich war zu sehr Friedensjünger, Optimist und Feigling, um nicht gegenteiliger Ansicht zu sein. Als überzeugter Anhänger der Furcht dachte ich immer, die fette Brut und der große Arsch würden bei ihrer Zurückhaltung bleiben: sie wissen doch, wenn einer eine Faust hebt, dann fällt die ganze Kneipe zusammen. Zugegeben, nicht gerade ein Meisterwerk der Überzeugung – jedenfalls nicht fünf Minuten vor der Sperrstunde, wenn die Drinks noch unterwegs sind.

«Die Theorie der Abschreckung», sagte Bujak mit seinem Grinsen, «ist nicht einfach nur eine schlechte Theorie. Sie ist nicht einmal eine Theorie. Sie ist der reine Wahnsinn.»

«Deshalb muß man radikaler vorgehen.»

«Bist du für einseitige Abrüstung?»

«Hm, ja», sagte ich. «Irgendwann muß einer mal anfangen. Einen Anfang machen. Historisch gesehen spricht einiges dafür, es hier in England zu versuchen. Mag sein, daß die Russen dann Europa einnehmen. Aber das Risiko ist auf jeden Fall geringer als das andere, das unendlich große Risiko.»

«Das ändert gar nichts. Das Risiko bleibt das gleiche. Alles, was du damit erreichst, ist, daß es hier einfacher sein wird, sich vom Leben zu trennen.»

«Ich meine ja nur, daß man anfangen muß.»

Unsere Diskussionen endeten immer in derselben Sackgasse. Ich behauptete, daß das Opfer eines Erstschlages keinen Grund hätte, zurückzuschlagen und es wahrscheinlich auch nicht machen würde.

«So?» sagte Bujak.

«Es ergäbe keinen Sinn. Es gäbe nichts, was man noch schützen müßte. Kein Land, keine Menschen. Man würde nichts gewinnen. Warum also noch weitermachen?»

«Rache.»

«Na klar. ‹Die Leidenschaften der Schlacht›. Aber das ist doch kein *Grund.*»

«Im Krieg ist Rache Grund genug. Rache ist so vernünftig wie alles andere. Man sagt, der Atomkrieg wird kein richtiger *Krieg* sein, sondern etwas Neues. Stimmt, aber denen, die kämpfen, wird es wie ein Krieg vorkommen.»

Andererseits, fügte er hinzu, kann sich niemand vorstellen, wie Menschen unter der starken Kraft handeln würden. Wenn die Grenze überschritten ist, dann ist die ganze Welt verrückt oder tierisch, auf jeden Fall nicht länger menschlich.

Eines Tages, im Herbst des Jahres 1980, fuhr Bujak nach Norden. Ich habe nie erfahren, warum. Ich sah ihn an dem Morgen auf der Straße, ein eindrucksvoller Anblick im Gemäuer seines dunkelblauen Anzugs. Etwas in seinem Gehabe von koketter Lebenslust, an seiner Mütze, seinem Schlips, ließ mich vermuten, daß er unterwegs war, um eine alte Liebschaft aufzufrischen. Der Himmel war grau und knorpelig, hier und da mit einigen interessanten blauen Flecken, die Straße feucht, mit aufgehefteten Blättern. Bujak zeigte mit geschlossenem Regenschirm auf seine eigene Haustür. «Ich komme morgen abend zurück», sagte er. «Behalt sie im Auge.»

«Ich? Na klar. Sicher.»

«Ich habe gehört, daß Leokadia schwanger ist. Zweiter Monat. Pat. Pat – er war wirklich ein ziemlich übler Typ.» Aber dann zuckte er kräftig mit den Schultern und sagte, «aber ich bin zufrieden. Nimm Boguslawa. Ihr Vater war auch ein Tier. Aber sieh sie dir an. Eine Blume. Ein Engel des Himmels.»

Und er zog los, schritt über die Straße und würde, falls nötig, den ganzen Tag laufen. An diesem Nachmittag schaute ich bei den Mädchen vorbei und trank eine Tasse Tee mit der alten Roza. Mein Gott, ich erinnere mich noch, daß ich mich fragte, wie diese Polen das nur schaffen? Roza war achtundsiebzig. In ihrem Alter war meine Mutter schon zwanzig Jahre tot. (Krebs. Krebs ist die *andere* Sache – die dritte. Ich schätze, für mich wird es auch Krebs heißen. Manchmal fühle ich ihn direkt vor mir, wie ein Fernseher flimmernd nur wenige Zentimeter vor meinen Augen.) Ich saß da und wunderte mich, wie sich das Merkmal Wildheit unter den Bujak-Frauen verteilte. Trotz frommer Augen und Haaren wie antikes Silber war Roza von dem Schlag alter Frauen, die es noch genießen, über ausgefallene Zoten zu lachen – und sie lachte sehr klangvoll, eine Hand in sanfter Abwehr erhoben. Wenn ich sagte «Hey Roza, ich hab wieder einen für dich», dann lachte sie schon, bevor ich angefangen hatte. Die kleine Boguslawa – sieben, schweigsam, aufgeweckt – lag lesend vor dem Feuer, ihre Augen von den Seiten erleuchtet. Sogar die muskulöse Schönheit Leokadias schien ruhiger, die Glut in ihren Augen leichter gebändigt. Sie sprach mit mir wieder so beherrscht, wie sie es getan hatte, bevor wir diese peinliche Szene in meinem Apartment hatten. Ich glaube, der Grund, weshalb sie sich soviel mit Männern herumtrieb, lag in dem ganz normalen Wunsch, Anerkennung zu sammeln. Anerkennung ist ein eigenartiger Stoff, und einige Menschen brauchen davon viel mehr als andere. Außerdem war sie offensichtlich überreich mit weiblichen Eigenschaften und Substanzen gesegnet; für so ausstaffierte Mädchen ist es nicht leicht, zurückhaltend zu sein. Nun saß sie da, bedächtig, und tat nichts. Die rote Fahne war eingeholt. In geruhsamer Windstille lagen ihre gefährlichen Fluten und Gezeiten. Ein verträumter Friede – Michi war auch manchmal so gewesen, als unser Kind unterwegs war. Unsere Kleine. In guter Hoffnung. Das war es, was sie taten: sie hofften. Ich blieb vielleicht eine Stunde und ging dann über die Straße zurück zu meinem Schreibzimmer und seinem bescheidenen Leben. Ich setzte mich und las *Mosbys Memoiren* für den Rest des Abends und hielt tatsächlich durch mein Fenster die Eingangstür im Auge. Der nächste Tag war ein Freitag. Ich schaute bei den Frauen vorbei, um meinen Schlüssel abzugeben, bevor ich selbst nach Norden aufbrach – nach Manchester und nach Michiko. In der Zwischenzeit waren energetische Schauspieler, eindrucksvolle Vertreter des zwanzigsten Jahrhunderts – Einsteins Ungeheuer – auf dem Weg nach Süden.

Am Samstag, um Mitternacht, kehrte Bujak zurück. Ich weiß von dem, was er vorfand, nur aus den Zeitungen und von der Polizei, zusammen mit ein paar verstreuten Details, die Bujak herausgerutscht sind. Auf keinen Fall werde ich irgendetwas hinzufügen, ich will dem nichts hinzufügen, was Bujak vorfand... Er ahnte nichts, bis er seinen Schlüssel in das Loch steckte und sah, daß die Tür nicht verschlossen war und unter seiner Berührung sanft nachgab. In tiefer Stille ging er weiter. Es roch seltsam in der Halle, der Geruch nach Zigarettenqualm und Marmelade. Bujak stieß die Wohnzimmertür auf. Das Zimmer sah aus wie die Hälfte von etwas, das auseinandergerissen worden war. Auf dem Boden schien sich langsam eine leere Flasche Wodka um die eigene Achse zu drehen. Leokadia lag nackt in einer Ecke. Ein Bein war in einem unmöglichen Winkel gekrümmt. Bujak ging durch die schrecklichen Zimmer. Roza und Bugoslawa lagen auf ihren Betten, nackt, verrenkt, steif wie Leokadia. In Leokadias Zimmer schliefen zwei fremde Männer. Bujak schloß die Schlafzimmertür hinter sich und nahm seine Mütze ab. Er ging näher heran. Er beugte sich vor, um sie zu packen. Und bevor er es tat, beugte er seine Arme und fühlte das Knistern der starken Kraft.

Dies geschah vor fünf Jahren. Stimmt, ich bin hier, um euch zu sagen, daß es die Welt noch immer gibt, im Jahre 1985. Wir leben heute in New York. Ich unterrichte. Die Studenten kommen zu mir, und dann gehen sie. Es gibt Leerlauf, freie Zeiträume zwischen den Dingen, groß genug für mich, einen Blick auf das Schreibzimmerleben zu werfen und mich daran zu erinnern, daß es nichts für mich ist. Meine Tochter ist vier Jahre alt. Bei ihrer Geburt war ich dabei, ich versuchte es wenigstens. Zuerst war mir schlecht, dann versteckte ich mich, dann fiel ich in Ohnmacht. Ich hab mich wirklich gut gehalten. Nachdem man mich aufgespürt und wiederbelebt hatte, führte man mich zurück in das Entbindungszimmer. Sie legten mir das blutverschmierte Bündel in meinen Arm. Ich dachte damals, und ich denke auch heute noch: Wie soll der kleine Fratz es schaffen? Wie soll sie es *schaffen*? Aber ich lerne, mit ihr zu leben, mit der Sorgenbombe, der Liebesbombe. Letzten Sommer haben wir sie nach England mitgenommen. Das Pfund war schwach und der Dollar stark – der kühne, der großkotzige Dollar, der Plünderer Europas. Wir nahmen sie mit nach London, London West, das Faschingsland mit seinen Söhnen des Donners. Bujaks Land. Ich schaute bei meiner Vermieterin vorbei und stellte fest, daß es Bujak auch noch im Jahre 1984 gab. Da war eine Frage, die ich ihm noch stellen wollte. Und Michi und ich wollten Bujak unser Mädchen zeigen, die kleine Roza, die wir nach der alten Frau benannt hatten.

Es war die alte Roza, an die ich während der schlimmsten Autofahrt meines Lebens ständig denken mußte, als wir von Manchester nach London fuhren, aus gutem, in schlechtes, in Sonntagswetter. An dem Morgen hielt mir Michi in ihrem Schlafzimmer über Kaffee und Joghurt die fleckige und zerfledderte Zeitung hin. «Sam?» sagte sie. Ich starrte auf den Artikel, auf den Namen und begriff, daß sich das Rattenleben nicht mehr irgendwo anders abspielte, es ist nicht mehr auf der anderen Seite, es berührt dein Leben, mein Leben... Autos sind fürchterliche Dinger, kein Wunder, daß Bujak sie haßte. Autos sind grausame Erfindungen, tückische Biester, gnadenlos und unerbittlich, die haben nur eine einzige Idee, diese Von-A-nach-B-Idee. Sie nehmen keine Rücksicht. Mit quietschenden Reifen jagten wir über die Autobahn. Nachbarn versammelten sich, als wir parkten, die Männer trugen Regenschirme, die Frauen ihre Arme verschränkt, kopfschüttelnd. Ich ging über die Straße und klingelte. Und noch einmal. Und warum eigentlich? Ich probierte den Hintereingang, über die Küchenveranda. Dann rief mich Michiko. Zusammen sahen wir durch das Wohnzimmerfenster. Bujak saß am Tisch, vornübergebeugt, als bräuchte er die ganze Kraft seiner Rückenmuskeln, seiner Schultern, um nicht zusammenzufallen, um seine Restenergie zu halten, nur auf eines konzentriert. Ich klopfte mehrmals gegen die Scheibe. Er rührte sich nicht einmal. Da war ein Geräusch an meinem Ohr, und die Sekunden lärmten und zischten, lauter als eine Zündschnur. Die Straße war wie eine Höhle. Ich drehte mich nach Michi und ihren vierlidrigen Augen um. Wir standen und sahen uns durch den dichten Regen an.

Ich glaube, später konnte ich ihm etwas helfen, als es an mir war, mich mit der starken Kraft anzulegen. Aus irgendwelchen Gründen hielt Michiko die ganze Situation nicht aus; noch am nächsten Tag komplimentierte sie sich aus unserer Beziehung und flog direkt nach Amerika zurück. Warum? Sie hatte und hat immer noch zehnmal mehr Kraft als ich. Vielleicht war es das. Vielleicht war sie zu stark, um sich der starken Kraft zu beugen. Egal, ich will hier nichts Bestimmtes behaupten... Gewöhnlich kam Bujak am Abend und setzte sich zu mir in die Küche, füllte den Raum. Er wollte Nähe, er wollte woanders sein.

Er redete kein Wort. Der schmale Flur vibrierte vor eigenartigen Ausstrahlungen, Impulsen, Niederschlägen. Es fiel oft schwer, sich zu bewegen, zu atmen. Was fühlen starke Menschen, wenn ihre Kraft sie verläßt? Hören sie auf die Vergangenheit, oder hören sie einfach nur – Stimmen, Musik, das Kesselblubbern entfernter Hufe? Ich werde ehrlich sein und sagen, was ich dachte. Ich dachte, es könnte sein, daß er mich umbringen muß, nicht weil er es will oder weil er mich verletzen will, sondern weil er selbst so sehr verletzt wurde. Das würde ihn vorübergehend davon befreien. Etwas muß nachgeben. Ich hielt das Nachspiel, die Strahlung aus. Das war das einzige, was ich beisteuern mußte.

Ich ging mit ihm auch zum Gericht und war während *dieser* Verletzung, dieser Verletzung in Serie, immer an seiner Seite. Die beiden Angeklagten waren Schotten aus Dundee, auf Kaution entlassen und seither flüchtig, um die Zwanzig, gesucht – nicht daß es von besonderer Bedeutung wäre, wer sie waren. Es gab keinen Antrag auf Unzurechnungsfähigkeit und auch keine deutlichen Anzeichen davon. Zurechnungfähigkeit hatte mit dem Ganzen nichts zu tun. Man konnte nicht ein Wort von dem verstehen, was sie sagten, also mußte ein Polizist übersetzen. Ihre Geschichte ging folgendermaßen. Die beiden Männer, mit ein paar Gläsern Bier zuviel intus, als genaugenommen vielleicht gut für sie gewesen wäre, bändelten auf der Straße mit Leokadia Bujak an und boten ihr an, sie nach Hause zu bringen. Hereingebeten, hätten sie, ihrer Einladung folgend, nacheinander die junge Frau leidenschaftlich geliebt, und es sich dann gemütlich gemacht, um sich einen kleinen Erfrischungstrunk zu gönnen. Während sie schliefen, wäre eine andere Clique hereingekommen und hätte diese schrecklichen Dinge getan. Die ganze Zeit über saß Bujak da, leise ächzend. Er und ich, wir beide wußten, daß Leokadia so etwas getan haben könnte, in einer anderen Nacht, in einem anderen Leben, verdammt, sie könnte es getan haben – aber mit diesen Hunden, diesen Oberhunden, diesen Bastarden, diesen schäbigen Nagern mit ihren orangeroten Zähnen? Es war jetzt auch egal. Wen *kümmerte* es? Bujak machte seine Aussage. Das Gericht brauchte nicht einmal zwanzig Minuten. Beide Männer bekamen achtzehn Jahre. Aus meiner Sicht war die einzige Frage (für mich das einzig Fragwürdige) natürlich nicht gestellt, geschweige denn beantwortet: es hatte etwas mit diesen seltsamen Sekunden zu tun, die Bujak allein mit den zwei Männern in Leokadias Schlafzimmer verbrachte. Niemand stellte die Frage. Ich würde sie fragen, vier Jahre später. Damals konnte ich sie nicht fragen... Am Tag nach dem Urteilsspruch hatte ich eine Art Nervenzusammenbruch. Mit heiserer Stimme, tränenden Augen und triefender Nase warf ich mich ins nächste Flugzeug. Ich wagte es nicht einmal, mich zu verabschieden. Und wen treffe ich auf dem Kennedy-Flughafen? – Michiko, die mir erzählt, sie sei schwanger. Noch im gleichen Moment warf ich mich auf meine miesen Knie und flehte sie an, es nicht zu behalten. Aber sie hat es behalten – und es sogar zwei Monate zu früh gekriegt. Wahnsinn, eine neue Horrorgeschichte von Edgar Allan Poe: Die Frühgeburt. Am Tropf, auf dem OP-Tisch, Gelbsucht, Lungenentzündung – sie hatte sogar einen Herzinfarkt. Ich auch, als sie es mir erzählten. Schließlich hat sie es aber geschafft. Sie fühlt sich großartig jetzt, im Jahre 1985. Ihr solltet sie sehen. Es ist die Liebesbombe und ihr Niederschlag, die einem letzten Endes die Energie geben. Man könnte es gar nicht anfangen ohne die Liebe... Das sind sie, auf der Treppe. Ja, und schon sind sie drinnen, durch sie wird alles anders. Das hier ist Roza, und das hier ist Michiko, und das hier bin ich.

Bujak wohnte immer noch in der Straße. Er war umgezogen, von 45 nach 84, aber er wohnte immer noch in der Straße. Wir haben uns nach ihm erkundigt. Die ganze Straße kannte Bujak. Und da stand er im Vorgarten und sah in ein Feuerchen, wie es seine Muskeln spielen ließ und krachte, die flammenden Schlangenköpfe, die plötzlich nach Bissen Luft schnappten – Feuerschlangen im Garten des Wissens. Schließlich wurden wir mit dem Feuer fertig, als es kam; wir sind nicht alle verschmort und verbrannt. Er sah auf. Sein Menschenfresserlächeln hat sich nicht sehr verändert, dachte ich, obwohl die Präsenz des Mannes spürbar schwächer geworden war. Immer noch alt und riesig in seiner Weste, aber die Masse, die gebändigte Energie hatte sich besänftigt und verflüchtigt. Nun ja, irgend etwas mußte nachgeben. Bujak war adoptiert worden oder hatte adoptiert, oder machte sich jedenfalls unentbehrlich in einem großen Haushalt, hauptsächlich Iren, der gut zu ihm paßte. Die Zimmer waren geschrubbt, schlicht, lebendig und ordentlich, mit allem Machbaren ausgestattet. Mittagessen gab es auf einem Tisch aus Tannenholz, der die Sonne absorbierte: Bier, Cidre, Lärm und die Fototherapie der Sonne. Die Heftigkeit, mit der die fünfzigjährige Rothaarige mit Bujak wegen seines Aussehens schimpfte, machte mir klar, daß es da romantische Neigungen gab. Sogar jetzt noch, wo der alte Knabe näher an die Siebzig als an die Sechzig ist; an Bujak in der Falle dachte ich mit Ehrfurcht. Bujak im Sack! Unglaublich, seine Fröhlichkeit war ungebrochen – unvermindert, ganz. Wie kam das? Weil seine Gutherzigkeit nicht nur die Erde, sondern das ganze Universum umfaßte, denke ich – oder einfach, weil er die ganze Materie liebte, ihre Rotationen und ihren Zauber, ihre Rot- und ihre Blauverschiebungen, ihre Unterwäsche. Die Fröhlichkeit war da. Es war die Kraft, die ihn für immer verlassen hatte. Beim Mittagessen erzählte er, wie er vor ein oder zwei Wochen gesehen hatte, daß ein Mann eine Frau auf der Straße schlug. Er schrie auf sie ein und riß sie auseinander. Obwohl er physisch zu schwach war, um einzuschreiten – *hilflos,* sagte er mit einem Achselzucken. Man fühlte den Unterschied sogar in der Art und Weise, wie er sich bewegte, wie er durch das Zimmer auf einen zuging. Die Kraft war verschwunden oder der Wille, sie zu gebrauchen.

Später gingen er und ich auf die Straße. Michiko hatte sich um diese letzte Begegnung gedrückt, sie zog es statt dessen vor, bei den Frauen zu bleiben. Aber das Mädchen war bei uns, die kleine Roza, sie schlief auf Bujaks Schulter. Ich beobachtete ihn ohne Angst. Er würde das zusammengerollte Kind nicht fallen lassen. Er hatte Roza mit seinen Armen in Besitz genommen.

Wie auf Absprache hielten wir am Haus Nummer 45. Farbige Kids spielten jetzt im Garten mit einem aufgepumpten roten Fußball. Die Schranken zwischen mir und Bujak fielen, und plötzlich schien es, als ob man sagen konnte, was man wollte. Also sagte ich,

«Adam, ich will dir nicht zu nahe treten, aber warum hast du sie nicht getötet. *Ich* hätte es getan. Ich meine, wenn ich an Michi und Roza denke...» Aber man kann das eigentlich nicht denken, nicht mal andeutungsweise. Der Gedanke ist Feuer. «Warum hast du diese Hundesöhne nicht umgebracht? Was hat dich zurückgehalten?»

«Warum sollte ich?» fragte er und grinste. «Was für einen Grund hätte ich gehabt?»

«Komm schon. Du hättest es problemlos tun können. Notwehr. Kein Gericht der Welt hätte dich eingelocht.»

«Stimmt. Der Gedanke ist mir auch gekommen.»

«Was geschah dann? Hast du – hast du dich auf einmal zu schwach gefühlt? Hast du dich einfach nur zu schwach gefühlt?»

«Im Gegenteil. Als ich ihre Köpfe in meinen Händen hielt, dachte ich, wie unglaublich einfach es wäre, ihre Gesichter aneinander zu zerquetschen – bis jeder im Gesicht des anderen ertrunken wäre. Aber nein.»

Aber nein. Bujak hatte einfach die Männer bei den Armen gepackt und sie hinter sich her geschleift (eine halbe Meile, bis zur Polizeistation in der Harrow Road), wie ein Vater mit zwei rasenden Kindern. Er lieferte sie ab und wischte sich die Hände.

«Verdammt, in ein paar Jahren werden sie wieder draußen sein. Warum sie *nicht* umbringen? Warum nicht?»

«Ich wollte zu dem, was ich vorfand, nicht noch etwas hinzufügen. Ich dachte an meine tote Frau Monika. Ich dachte – jetzt sind sie alle tot. Ich konnte zu dem, was ich sah, nichts hinzufügen. Ehrlich, die schlimmste Sache war, sie überhaupt anfassen zu müssen. Kennst du den nassen Schwanz von Ratten? Schlangen? Ich sah nämlich, daß sie überhaupt keine Menschen waren. Sie hatten keine Ahnung, was menschliches Leben ist. Keinen Schimmer! Schreckliche Mutationen, eine Schande ihrer menschlichen Gestalt. Eine ewige Schande. Hätte ich sie getötet, wäre ich immer noch stark. Aber man muß irgendwo anfangen. Man muß einen Anfang machen.»

Und nun, da Bujak seine Arme, seine Waffen niedergelegt hat, ich weiß nicht warum, bin ich ein klein wenig stärker. Ich weiß nicht, warum – ich kann euch nicht sagen, warum.

Einmal sagte er mir: «Es muß mehr Materie im Universum geben, als wir uns denken. Sonst wären die Entfernungen fürchterlich. Mir wird schwindlig.» Einsteinianer bis zum letzten, war Bujak ein Oszilliationist, er behauptete, der Urknall würde sich mit dem GAU, der großen Katastrophe auf immer verändern, das Universum würde sich nur ausdehnen, bis eine einmütige Schwerkraft es wieder zurückrufen würde, damit es von vorne beginne. Dann, wenn das All sich in seinen Angeln dreht, würde das Licht rückwärts reisen, würde von den Sternen empfangen und aus unseren menschlichen Augen fließen. Falls, und ich kann es nicht glauben, sich auch die Zeit umkehren würde, wie Bujak behauptet (Würden wir uns dann auch rückwärts bewegen? Haben wir überhaupt mitzureden?), dann soll dieser Moment, als ich ihm seine Hand schüttelte, der Beginn meiner Geschichte sein, seiner Geschichte, unserer Geschichte, und verjüngend werden wir auf unseren gegenseitigen Leben hinabgleiten, um uns in vier Jahren von heute an zu treffen, wenn, aus der grimmigsten Trauer, Bujaks verlorene Frauen wieder erscheinen werden, aus Blut geboren (und wir werden auch unsere Gespräche haben, werden vor dem gleichen Schluß zurückschrecken), bis sich Boguslawa in Leokadia zurückkrümmen wird, und Leokadia zurück in Monika, und Bujak wird Monika in seinen Armen halten, bis es für sie Zeit wird, zurückzuweichen, ihre Fingerspitzen küssend, zurück über die Felder bis zu dem weit entfernten Mädchen, das für ihn keine Zeit hat (wird das leichter zu ertragen sein als anders herum?), und dann schrumpft der große Bujak, wird zum schwächsten Geschöpf, das es gibt, hilflos, abwehrlos, nackt, weinend, blind und winzig, und krümmt sich dann zurück in Roza.

Einsichten am Flame Lake

Neds Tagebuch

16. Juli. Jedenfalls ist es schön, daß Dan da ist und den Sommer mit uns hier am Flame Lake verbringt. Ich bin froh, daß wir uns darauf eingelassen haben. Er wird bis Mitte August bei uns bleiben. Es wird Probleme geben – das ist Fran und mir klar –, aber zur Zeit scheint er ganz umgänglich zu sein, obwohl er ziemlich bedrückt wirkt. Fran ist natürlich auch ein bißchen aufgeregt, aber in der Nacht, bevor Dan kam, haben wir alles besprochen und die ganze Sache geklärt. Ich sprach am Telefon mit Dr. Slizard. Er warnte mich, daß die zusätzlichen Medikamente, die Dan einnimmt, ihn in den ersten drei oder vier Tagen mürrisch und apathisch machen würden. Er trauert. Armer Dan – ich habe Mitleid mit dem Jungen. Er ist so genial und hat mit so vielen Schwierigkeiten zu kämpfen, wie sein Vater, seine Seele ruhe in Gott. Ich trauere auch. Auch wenn wir uns nicht sonderlich nahestanden (er war alt genug, um mein Vater zu sein), ist es doch trotzdem wie ein kleiner Tod, wenn man seinen Bruder verliert. Es ist höllisch schwer. Dan versteckt sich vor der Hitze. Er bleibt die meiste Zeit in seinem Zimmer. Damit müsse ich rechnen, sagte Dr. Slizard. Ich hoffe, das Baby lenkt ihn etwas ab und heitert ihn auf. Darüber ist Fran leider auch nicht gerade glücklich. Stimmt schon. Den sorglosen Sommer, auf den wir gehofft hatten, werden wir nicht haben. Aber wir werden es schon hinkriegen. Und das Licht und die Weite des Flame Lake werden Dan bestimmt guttun, und vielleicht helfen sie sogar, sein Problem zu lindern.

Dans Notizbuch

Der See ist wie eine Explosion…

In unseren langen Gesprächen nach Dads Tod bestätigte Dr. Slizard mir, daß ich *Einsicht* in meinen Zustand habe. Ich habe *Einsicht*: ich weiß, daß ich krank bin. Einerseits war mir das neu – aber andererseits, wie sollte man sich fühlen, wie ich mich fühle, und nicht wissen, daß irgendwas nicht stimmt? Trotzdem gibt es Leute in meinem Zustand, die *keine Einsicht* haben. Die fühlen sich, wie ich mich fühle, und denken, das ist cool. Dad hatte keine *Einsicht*.

Vorläufig, mit den zusätzlichen Medikamenten und alldem, bleibe ich meistens auf meinem Zimmer. Gefaßt registriere ich die üblichen Nebenreaktionen: plötzliche Zungenkrämpfe, unkontrollierbares Erröten, Anfälle von Übelkeit, stechende Kopfschmerzen. Jedes Essen schmeckt gleich. Es schmeckt nach nichts, nach Trockenem und nach nichts. Und dann ist da noch der erwartete *Affektverlust* – nur sagt mir meine *Einsicht*, daß er ausgeprägter ist als je zuvor. Noch nicht an diese Hitze gewöhnt, sitze ich in meinem Zimmer und höre auf das hilflose Weinen des Babies. Das Baby scheint ziemlich niedlich zu sein. Alle Babies sind ziemlich niedlich: müssen sie sein, evolutionsmäßig gesprochen. Sie heißt, haben sie gesagt, Harriet oder *Hattie*.

Ich bin Onkel Ned, und seiner neuen Frau Francesca glaube ich auch, dankbar. Sie ist jung, pummelig, mit ganz dunkler Haut. Ich weiß, draußen sind es über zweiunddreißig Grad, aber sie sollte sich wirklich etwas mehr anziehen. Je nachdem wie das Licht fällt, hat sie einen flaumigen Schnäuzer. Sie ist klein, aber dick: eineinhalb Meter in jede Richtung. Sie ist selber wie ein Baby. Ich habe viel über das Thema Schizophrenie gelesen. Oder eigentlich habe ich wenig gelesen, aber intensiv. Ich habe Dr. Slizards bedeutende Abhandlung *Schizophrenie* vierzig- oder fünfzigmal gelesen. Ohne sie gehe ich nicht aus dem Haus. Slizard schreibt nicht viel über schizophrene Sexualität, offensichtlich gibt es da auch nicht viel, worüber es sich schreiben ließe. Schizophrenie ist kein heißes Pflaster. Da wird kaum mal jemand flachgelegt.

Hinter dem komfortablen, einer Hütte ähnelndem Haus liegt ein Wald, in dem ich morgen vielleicht spazierengehen werde. Vorläufig sieht mir der Wald zu kahl und zu befangen aus. Das Grünzeug ist so grün. So hölzern das Holz. Mit seinem Glitzer-Zischeln und dem Protonenspiel der Wasserläufer auf der Oberfläche ist der See – ist er wie eine Explosion, wie im letzten Bruchteil einer Sekunde vor der Explosion.

Neds Tagebuch

19. Juli. Obwohl Dan kein Problem ist und weiterhin ziemlich umgänglich, muß ich sagen, daß er gelegentlich nahe daran ist, unsere Geduld zu strapazieren. Aber das ist ganz in Ordnung. Geduld ist etwas Aktives, kein Zustand. Man kann nicht erwarten, einfach geduldig zu *sein*. Man muß daran arbeiten. Sie verstärken. Beim Essen scheinen wir unsere Geduld am nötigsten zu brauchen. Wir brauchen alle Geduld, die wir kriegen können. Der arme Dan, er hat Schwierigkeiten mit dem Essen. Sein Gaumen scheint quälend trocken zu sein. Er kaut langsam, eine Ewigkeit. Über dem Tisch hängt eine Art bleierner Spannung, wenn wir auf das langsame Verschwinden jedes einzelnen Bissens warten. Gib ihm eine Scheibe richtig saftiger Wassermelone und zwischen seinen Kiefern wird sie holzig. Fran und ich schlingern in die absurdesten Unterhaltungen – wir reden über *alles* –, nur damit der Junge nichts merkt. Und trotz seiner zusätzlichen Medikamente, seiner Trauerpillen, ist Dan kein Zombie. Manchmal wünsche ich mir, er wäre einer, aber er ist es nicht. Er weiß das. Wenn er rot wird, das ist wirklich sehenswert. Heute morgen rief ich Dr. Slizard auf seiner Station an. Er sagte, er sei sicher, daß sich Dans Zustand in wenigen Tagen bessern werde und daß er dann anfängt, mit uns zu reden. Fran macht sich Sorgen darüber, wie Dan das Baby ansieht. Meine Befürchtungen wegen Harriet sind eher allgemeiner. Wenn man das, was man in den Zeitungen liest, glauben kann – oder es begreifen kann –, ist die Saison für Babies und Kinder offensichtlich eröffnet. Es sieht so aus, als wären plötzlich alle Leute auf die Idee gekommen, sie könnten mit ihnen machen, was sie wollen. Hier ist sie natürlich sicher, aber dann gibt es da noch diesen Trick mit dem Tod-im-Kinderbett, den sie erfunden haben, damit die Eltern *auf gar keinen Fall* zur Ruhe kommen. Jeden Morgen, wenn ich Hattie schreien oder brabbeln höre, denke ich – großartig. Sie hat es geschafft. Fran macht sich Sorgen darüber, wie Dan das Baby ansieht. Ich sage ihr, er sieht alles so an – mich, die Wand, die Libellen, den Flame Lake.

Dans Notizbuch

Die Tage sind heiß und endlos.

Die Fische machen ihr Fischding. Sie schwimmen ihren Flatterstil, dann kommen sie nach oben und verschlingen die wartenden Käfer. Die Käfer fügen sich: sie sind einverstanden mit dieser Behandlung. Ned macht sein Nedding, und Fran macht ihr Franding. Was das Baby angeht, also über *Hattie* halte ich mich vorläufig mit jedem Urteil zurück.

Letzte Nacht habe ich meinem Repertoire atomarer Träume, meinen Träumen von einer nuklearen Superkatastrophe (*Alpträume* kann man sie kaum noch nennen), ein bemerkenswertes Exemplar hinzugefügt. Der letzte Zivilist läuft über das letzte Stück flachen Landes, verfolgt vom letzten Piloten im letzten Flugzeug mit dem letzten Sprengkopf. Diese letzten beiden Schauspieler bewegen sich mit der gleichen Geschwindigkeit – eine interessante Abweichung vom üblichen Dilemma (Flucht, eigenartige Zeitlupenbewegungen), wobei das Flugzeug die ganze metallische Ermüdung eines Menschen in einem bösen Traum erfährt. Der letzte Zivilist rennt in ungleichen, verzweifelten Sätzen. Dicht auf den Fersen jagt ihn durch den Rauch der letzte Pilot. Mir ist nicht klar, ob ich der letzte Zivilist oder der letzte Pilot oder nur der letzte Beobachter bin, und das ändert auch nichts, denn im letzten Blitz-Knall und Glitzer-Zischel, in der letzten, strömenden Lichtbeleidigung wird alles untergehen.

Onkel Ned ist zwanzig Jahre jünger als mein Dad. Andererseits ist er zwanzig Jahre älter als Francesca, diese neue Frau von ihm. Stundenlang sieht sie fern oder ist zumindest anwesend, wenn der Apparat läuft. Sie liest die blöden Geschichten in den blöden Zeitschriften: wie Elizabeth Taylor mit dem Alkohol fertig wurde; wie es in Chers Haus spukt; daß Präsident Kennedy lebt und es ihm gut geht, und wie er mit Buddy Holly auf dem Planeten Krypton lebt. Fran krabbelt mit dem Baby herum und hört den ganzen Tag Popmusik. Diese *Musik* – diese alberne Einfallslosigkeit: Songs über persönliche Entwicklung. Mit ihrem braunen Fleisch nimmt Francesca eine Menge Raum ein. Sie hat gewaltige Ausmaße. Sie überflutet das Zimmer. Es versteht sich von selbst, daß Ned sie nicht befriedigen kann. Ein Baby hat sie, aber bald wird sie mehr wollen.

Wie die meisten Schizophrenen wurde ich im Winter geboren. Viele

Menschen überrascht diese jahreszeitlich bedingte Veranlagung. Mit *Einsicht* scheint mir die Erklärung allerdings einfach genug. Herbst und Winter sind die härteste Zeit für den Schizophrenen. Sie fühlen sich schrecklich schizophren im Herbst und im Winter. Vor März, April ist ihnen gar nicht nach Liebe. Vor März oder April ist ihnen gar nicht danach, schizophrene Babies zu machen.

Dad war ein dicker Schizophrener. Ich bin, noch, ein dünner. Er hatte ausreichend *Puffer-Gewebe* und funktionierte die meiste Zeit ganz normal – sogar außerordentlich gut. Seine psychotischen Ausbrüche kamen selten und in großen zeitlichen Abständen. Aber der letzte Ausbruch hat ihn zerbrochen. Selbstmord. Selbstmord kommt für mich nicht in Frage. Niemals. Ich denke nicht einmal daran. Er steht einfach nicht zur Wahl. Dad war so etwas wie ein Physiker. Ich will auch einer werden. Er arbeitete im subatomaren Bereich. Mich faszinieren Radio- und Röntgenstrahlenastronomie, Kosmologie und Uranometrie – die Sterne. Ich kann sie jetzt sehen, während ich hier auf der geschützten Terrasse sitze und diese Worte schreibe: die himmlischen Körper, so feierlich, so schwer, so abweisend auf den Stoff von Raum und Zeit gestickt.

Ich kann jetzt draußen sitzen, im schwarzen Schatten, oft sogar für eine Stunde ohne Unterbrechung. Es ist, als würde ich Feuer atmen. Das Baby Harriet, nur mit einer Windel um, rutscht auf den Zweigen und Borkenstücken, dem Teppich von Kiefernadeln herum. Manchmal unterbricht das Baby seine Baby-Vorhaben, und mit zusammengekniffenen Augen starren wir über das schwere Wasser des Sees und hören auf die Hintergrundstrahlungen der Insekten im Wald um uns herum.

Neds Tagebuch

22. *Juli.* Endlich – ein Fortschritt, deutliche Verbesserung! Es liegt natürlich noch ein ganz schöner Weg vor uns. Ich würde ihn nicht gerade unbekümmert nennen, aber er sieht wenigstens nicht mehr ganz so wie Franz Kafka oder wie Ivan Lendl aus (wie Lendl, wenn er zwei Sätze an seinen schlimmsten Gegner verloren hat und im dritten fünf zu null im Rückstand steht). Er geht nach draußen, er kritzelt in sein Notizbuch, und es ist etwas Farbe in seinem langen Gesicht. Zu lächeln, wenn man

bei Tisch Platz nimmt, ist nicht mehr so anstrengend wie noch vor wenigen Tagen. Fran ist sehr viel entspannter, wenn auch etwas kraftlos, aber das sind wir alle, bei den Temperaturen (das Baby staunt die Hitze um sich herum an, als wäre es nicht zu fassen). Wir glauben zum Beispiel auch nicht mehr, daß wir uns in unserem Schlafzimmer verkriechen müssen. Klar, es gibt noch ein paar verrückte Dinge. Der Junge ist übersät mit Mückenstichen. Er sieht aus, als hätte er die Masern. Er scheint die große Attraktion für sie zu sein, denn uns belästigen sie nicht. Einmal ging ich am Seeufer an ihm vorbei und sah, wie fünf oder sechs von den kleinen Biestern sich ruhig an seinem Gesicht vollsaugten. Fran meinte, Dan würde riechen, nicht unbedingt unangenehm, ein bißchen wie angefaultes Obst (sein Vater hatte das auch manchmal), und vielleicht ist es das, was die Schnaken anzieht. Ich fragte ihn, ob er vielleicht ein Insektenmittel haben wolle, aber er lächelte nur und sagte: Ist schon okay, Onkel Ned, ist keine große Sache, ich gehe ihnen jetzt aus dem Weg. Er ist so betäubt von den ganzen Medikamenten und der Chemie, die er schluckt, daß er die Stiche nicht mehr fühlt. Er fühlt keinen Schmerz... Von Harriet scheint er genauso entzückt zu sein wie wir alle. Vielleicht hat er durch Harriet die Kurve gekriegt. Ich muß sagen, sie ist wirklich ein Traumbaby. Wenn man so spät im Leben noch Vater wird – da kann man für dieses Geschenk nur selig sein. Noch vor kurzer Zeit hatte ich nichts. Jetzt habe ich diese zwei kleinen Lieblinge. Elterliche Liebe ist eigenartig – und so angsterfüllt. Ich liebe Fran für das, was sie ist. Ich liebe Hattie für ihr Leben. Ich will nichts von ihr, nur, daß sie lebt. Ich will einfach nur, daß es sie gibt. Dafür würde ich sterben. Ich will einfach nur, daß es sie gibt.

Dans Notizbuch

Nein, ich glaube nicht, daß ich mich schon jemals ruhiger gefühlt habe.

Es war ein einfacher und mutiger Schritt: gestern habe ich alle Medikamente abgesetzt, nicht nur die Beruhigungsmittel, auch die Multivitamintabletten – und die Antipsychotika. Slizard wäre außer sich, wenn er davon wüßte. Aber Slizard wird es nie erfahren. Ich deprogrammiere mich selbst, ein für allemal. Von nun an werde ich mich ausschließlich auf *Einsicht* verlassen. Ich fühle die Symptome schon auf mich einstürzen, wie sie nach einer Bresche suchen, mich ins Visier nehmen. Einige sind wirklich ziemlich bizarr, oder sie wären es, wenn ich keine *Einsicht* hätte.

Ich werde ein Beispiel erzählen. Heute nachmittag lag ich im Wohnzimmer auf dem Boden und beobachtete, wie der Ventilator an der Decke die Spinnweben an den Dachbalken durcheinanderwirbelte (ich bin hier nämlich umgeben von den typischen Dingen des Seelebens, mit dem Gefühl, in einer Hütte zu leben, mit feuchtem Salz, Angelzeug und den Spuren der Insektenkörper auf dem Bildschirm). Vom vertrauten Doppelschleifer, dem Geräusch ihrer Hände und Füße, angekündigt, kommt Harriet aus der Küche hereingekrochen. Sie ruhte sich aus. Ich drehte den Kopf. Das Baby zeigte ein Lächeln gierigen Erkennens und war, schätze ich, fünf Meter entfernt, als sie ‹vor meinen Augen› zu wachsen anfing. Innerhalb einer Sekunde war sie so groß wie eine Fünfjährige; eine Sekunde später war sie so groß wie ein Schwein. Ich lag da und sah, wie sie sich aufblähte wie die dicke Dame aus dem Zirkus, wie das Gesicht schneller wuchs als der Körper, bis es den Raum füllte, meinen Gesichtskreis, bis es die Nähte des Hauses zu sprengen schien. Alarmierend? Eigentlich nicht. Ein gewöhnlicher Fall von *Kollaps der Größenkonstanz.* Das Baby war auf mich zugekrochen, sonst nichts. Unsere Nasen berührten sich fast, ich hatte eine Fischaugenperspektive auf ihre Murmelaugen, ihre Hamsterbacken, ihre tiefenlosen Zähne und die Ohren, durchsichtig, glühend wie gegen die Sonne geschlossene Augenlider.

Dad war einer der Väter des nuklearen Zeitalters. Dann, als das Ding geboren war, wurde er sein Sohn, wie alle anderen auch. Dad hat wirklich einen neuen Dreh in diese ganze Geschichte mit den Vätern und Söhnen gebracht. Erst war er der Vater von dem Ding, dann war er der Sohn von dem Ding. Wenn man die Verhältnisse so umkehrt, sollte man auf jeden Fall mit größeren Verzerrungen und Mißbildungen rechnen.

Er arbeitete in Transportsystemen, Elektro- und Sprengkopftechnologien, Multiple Independent Reentry Vehicles (multiple unabhängige wiedereintauchende Trägerraketen) – den MIRVs. Mein Urin enthält Bufotenin, einen chemischen Stoff, der ursprünglich aus Krötengift gewonnen wurde. In bestimmten Tests färbt sich Bufotenin violett. Wenn ich halluziniere, ist mehr Bufotenin, mehr Violett, in meinem Urin als sonst. Heute nacht werde ich meine ganzen Pillen in den Flame Lake schütten und es ohne sie versuchen. Fran hat endlich aufgehört, Onkel Ned ständig in ihr Zimmer zu zerren, um Sex mit ihm zu machen, und deshalb werde ich ihnen morgen vielleicht die Wahrheit über das Baby erzählen. Ich werde es ihnen schon beibringen, die Sache mit dem Baby. In der Zwischenzeit starre ich in das Funkeln und den glatten Glanz, in das Violett des geMIRVten Sees.

Neds Tagebuch

24. Juli. Immer noch das gleiche Wetter. Dan macht ausgezeichnete Fortschritte. Er hat Anfälle von Hektik und von Schwermut – aber wer hat das nicht? Nein, er ist sehr, sehr viel glücklicher. Solche Zufallsbegegnungen, wie man sie zwanzigmal an einem Tag hat, wenn man in einem Haus lebt, sind nicht mehr eine Sache verkrampfter Höflichkeit. Ich freue mich, den Jungen zu sehen, und er freut sich, mich zu sehen. Wir haben das Baby wieder in sein Zimmer gebracht, neben das von Dan. Die Kleine ist ein mächtiger Schläfer (zwölf Stunden in der Nacht und noch die Nickerchen zwischendurch!), und wenn sie am frühen Morgen wach wird, brabbelt sie eine Weile vor sich hin, und dann ist sie wieder hinüber. Dan kümmert das nicht. Aber die Hitze macht ihm was aus. Anstatt kühler wird es heißer und heißer. Irgendwer hat da seine Hand am Hebel. Fran schafft die Tage nur mit kalten Bädern und springt ungefähr fünfzehnmal am Tag kurz in den See. Die restliche Zeit versinkt sie in diese jugendliche Welt von Fernsehen, Radio und bunten Bildern. Ihr Heißhunger für diesen Schund berührt mich schon irgendwie. Ach, zur Hölle. Sogar die *Tribune* liest sich in den letzten Tagen wie ein Revolver-Blättchen. Wahrscheinlich verkommt die ganze Welt langsam zu Müll. Dan will nicht ins Wasser. Er sitzt unter dem Ventilator. Ich kann jetzt mit ihm über sein Problem reden – sein Problem im Umgang mit der Realität. Und schließlich habe ich so eine Gelegenheit, über alle *meine* Realitätsprobleme zu reden, über die Pumpe, das Dach, die Jauchegrube, die undichten Schutzwände, dieses Wrack von einem Jeep (ich glaube, ich nehme einfach das Blech ab und benutze ihn als Traktor). Dan hat mir geholfen, die Holzscheite aus dem Truthahnstall zum Vorratsraum zu bringen. Den ganzen Nachmittag lief er hin und her und stapelte Holz, bis ihm die Finger bluteten.

Dans Notizbuch

Wahrscheinlich spürt Fran, daß ich noch nie was mit einer Frau hatte.

Wie soll ich mir sonst ihr Verhalten erklären? Sie schwimmt nacktärschig im aufgeregten See und überzeugt sich vorher, daß ich zugucke. Ich latsche ins Badezimmer und sehe sie da liegen, wie Gott sie schuf: eine Zeitlang tut sie, als wenn nichts wäre; dann fordert sie mich auf, zu verschwinden, aber rührt sich nicht, um ihre Blöße zu bedecken. Durch die Feuchtigkeit schimmert ihr massiges Fleisch in einem tieferen Braun. Direkt vor meiner Nase gibt sie dem Baby die Brust.

Francesca hat es offenbar auf sich genommen, mich in die sogenannten Mysterien der sexuellen Praxis einzuführen. Sie geht extra früh ins Bett, und Onkel Ned folgt ihr bald. In den meisten Nächten lieben sie sich absolut lautlos (wahrscheinlich besteht sie darauf, um mich im ungewissen zu lassen), aber einmal, als ich vor ihrem Zimmer kniete, verlor sie die Beherrschung und richtete ganz offen ihre Schreie von Schmerz und Verlangen an mich. Diese ganzen Komplikationen werden es mir sehr viel schwerer machen, ihr die Wahrheit über das Baby beizubringen.

Drüben, in der Abteilung, hatte Dad einen russischen Freund, einen Überläufer und standhaften Amerikaner, obwohl er oft über sein geliebtes Vaterland weinte und jammerte – und sang, wenn er ein oder zwei Gläser getrunken hatte. (Alle in der Abteilung saufen wie die Löcher, und Slizard führt ein großes Team.) Jedesmal, wenn sie sich verabschiedeten, direkt oder am Telefon, gingen sie auf die gleiche Weise auseinander. Dad: «Tod den Babies.» Andrei: «Und Tod deinen Babies.» Dad: «Und Tod den Babies deiner Babies.» Andrei: «Und Tod den Babies deiner Babies deiner Babies.» Und so weiter. Es war eine Art Witz. Schließlich macht jeder Witze über seine Arbeit, sogar die Leute im Ausrottungsgeschäft. Sie sagten das, um Dampf abzulassen. Um normal zu bleiben.

Ich bin schizophren, und meine Gedanken wären sowieso verrückt (ich weiß das, weil ich *Einsicht* gebrauche), aber neuerdings gibt es überall verrückte Gedanken, und meine sind wenigstens meine, nicht vorfabriziert wie Francescas, dieses Gedudel und Geklimpere und die Lügen. Onkel Ned ist besessen von der Idee, ich hätte ein Realitätsproblem. *Realität* hat ein Realitätsproblem. Realität ist völlig außer Kontrolle und könnte alles versuchen, zu jeder Zeit. Sie ist wie der See, immer kurz davor zu explodieren. Ned wird dies alles nur zu gut verstehen, wenn ich ihm sage – und ich werde es ihm bald sagen –, daß das Baby an Schizophrenie leidet.

Neds Tagebuch

27. Juli. Benson Holloway will mir 150 Dollar für den Jeep geben, und ich bin halb und halb dafür, es anzunehmen. Wenn ich das Blech abnehme und ihn nur auf meinem Boden benutze, dann zahle ich keine Steuern und keine Versicherung – aber die alte Kiste schluckt trotzdem noch ihr Geld. Bei diesem Wetter überhitzt der Motor in fünf Minuten und leckt und spuckt vor Ruß und Rauch. Schon wenn man nur aus der Stadt zurückkommt, muß man den Kopf praktisch aus dem Fenster halten. Aber Benson ist ein gewiefter Hund, warum also interessiert *er* sich dafür? Andererseits muß ich im nächsten Sommer um diese Zeit jemanden dafür bezahlen, daß er kommt und mir den Wagen auf den Schrott schleppt. Verdammt, ich nehm die 150 Dollar und seh mich nach etwas Praktischerem um. Mutter und Baby gedeihen prächtig (Fran schläfrig, Harriet laut!), und Dan ist überhaupt kein Problem. Die Sonne meint es ernst. Man guckt nach da oben hin und denkt – die Sonne meint es ernst. Die Sonne wird wirklich zur Atombombe.

Dans Notizbuch

Paradox oder auf jeden Fall überraschend ist, daß die Sonne von der schwachen Kraft gespeist wird.

Ihr Brennstoff ist der Partikelverfall. Will man Zeuge einer Kernfusion sein, braucht man nur in die Sonne zu sehen. Aber das kann man nicht. Noch auf eine Entfernung von fast neunzig Millionen Meilen schmerzen die Augen. Eine thermonukleare Explosion erzeugt Temperaturen, die merklich höher liegen als die, die man im Kern der Sonne messen könnte – oder irgendwo sonst im Universum, ausgenommen in so kurzlebigen Erscheinungen wie explodierenden Sternen. In der Abteilung zeigte mir Dad einmal einen Film, in dem eine Stahlkugel nur einen Bruchteil dieser superstellaren Hitze ausgesetzt wurde. Sie verflüssigte sich und warf Blasen wie kochendes Wasser. Und der See sieht jetzt wie kochender Stahl aus, kein Wunder, so wie die Sonne ihn Tag für Tag auflädt.

Harriet war eine Frühgeburt, haben sie mir erzählt. Kann sein, aber auf jeden Fall hat sie den Zeitverlust ganz schön aufgeholt. Viele Leute glauben, Schizophrenie zeige sich erst in der postadoleszenten Phase. Da liegen sie falsch. Ein Kleinkind kann schizophrene Symptome schon nach acht Wochen zeigen. Harriet ist über acht Monate alt und ihr Zustand schon weit fortgeschritten. Ich fürchte, sie ist mehr oder weniger ein klassischer Fall.

Abweichende Veranlagung in der Präferenz der Sinnesorgane. Wenn man ihr eine Rassel oder ein Spielzeug oder irgend etwas anderes gibt, was macht sie damit? Sie schüttelt es, riecht daran und steckt es in ihren Mund. Die höheren Funktionen des Sehsinns und des Gehörs werden also zugunsten von Berührung, Geschmack und Geruch abgelehnt.

Repetitive und stereotype Verhaltensmuster. Über sinnlos lange Zeiträume hinweg trommelt sie mit ihren Handballen auf flache Oberflächen. Sie zeigt ein tragisches Unvermögen, aus ihren eigenen Fehlern zu lernen. Wenn sie vor sich hin brabbelt, schwelgt sie in einer beliebigen Serie von identischen Lauten – vergißt sie und beginnt dann, neue zu erfinden!

Eingeschränktes räumliches Erkennungsvermögen. Das Baby weist frühe Merkmale eines abweichenden Gehverhaltens auf. Ständig fällt sie hin und stößt irgendwo an, da räumliche Beziehungen für sie zufällig und instabil sind.

Verlust des motorischen Normalzustandes und abrupte Persönlichkeitsveränderung. Sehr oft, wenn Fran ihr die Windeln wechseln oder sie anziehen, sie füttern oder abwischen oder überhaupt irgend etwas machen will, das die passive Kooperation des Babys erfordert, leistet Harriet plötzlich Widerstand. Sie versteift sich oder sie erschlafft völlig und wechselt so in charakteristischer Weise zwischen Zuständen von Starre bis Überschlaffheit.

Ich könnte fortfahren: unzulängliches Zeitgefühl, die Art, wie sie Humor oft als Beleidigung mißversteht, ihre Phasen exzessiver Zuneigung, die Hypomanie, die sie nicht schlafen läßt. Die Kleine hat natürlich genau gemerkt, daß ich ihr auf der Spur bin, und deshalb geht sie nachts gegen mich vor. Ihre Eltern hat sie geschickt getäuscht – Schizophrene sind oft sehr gerissen –, und weder Fran noch Ned ahnen, daß das Baby sprechen kann.

Neds Tagebuch

1. August. 'nen Tritt und 'nen Schlag für den ersten Tag. Das Baby, geboren am Neujahrstag, ist jetzt acht Monate alt. Weiter so, Hattie... Fran erzählte mir von einer ziemlich eigenartigen Unterhaltung mit Dan. Sie fütterte gerade das Baby im Wohnzimmer, als Dan loslegte und sagte, er sei wahrscheinlich homosexuell! Platzte einfach so damit heraus. Verrückt, diese Altklugheit neuerdings – sie kommen sich alle besonders schlau vor. Fran fragte ihn nach Gründen, warum er das glaube, und Dan zuckte mit den Schultern und gab zu, daß er weder ein homosexuelles Erlebnis gehabt hätte, noch einen Homosexuellen kennengelernt habe. Er sagte, es hätte etwas mit der ‹Anzahl der Histamine› zu tun – so erinnert Fran es wenigstens. Außerdem hat er sie gestern zufällig im Bad überrascht. Fran sagte, er wäre aus der Tür gewesen wie eine Katze, deren Schwanz Feuer gefangen hat. Seitdem verläßt er das Zimmer, oder er dreht ihr den Rücken zu, wenn Fran ihr Hemd hochzieht, um das Baby zu stillen. Er *sagt* die verrücktesten Sachen, und nicht alle sind völlig daneben, keineswegs – er ist ein helles Köpfchen, kein Zweifel. Heute morgen – ich fächelte mir Luft zu und raufte meine Haare über eine neue babyschmetternde Grausamkeit in der Zeitung – sagte ich: ‹Bin ich das, oder sind das die Zeitungen, oder gibt es einen Boom in Kindesmißhandlungen?› Und Dan antwortete: ‹Es ist exponentiell, wie alles heutzutage.› Dan, selbst ein Opfer der Vererbung, argumentierte natürlich, mißhandelt man seine Kinder, dann werden die ihre Kinder auch mißhandeln. Das summiert sich. Es multipliziert sich sogar. Aber würde das proportional irgendeinen Unterschied machen? Haben Leute, die ihre Kinder mißbrauchen, mehr Kinder als die Leute, die es nicht tun? Ich weiß nicht, was die Mathematik ergibt, aber vielleicht hat der Junge gar nicht so unrecht. Habe den Jeep verkauft. 125 Dollar. Benson Holloway ist ein schlauer Fuchs, und man weiß nie genau, was er eigentlich vorhat oder auf was er hinaus will. Immer noch unglaublich heiß. Ich glaube kaum, daß sich das Wetter noch lange halten kann.

Dans Notizbuch

Harriet oder *Hattie*, das ‹Baby›, und ich, wir hatten seit vier Nächten keinen Schlaf.

Aber wer will auch schlafen? Stimmt schon, manchmal falle ich in einen unangenehmen Dämmerzustand, der vom Wachen weiter entfernt ist als vom Gegenteil. Wenn ich in meinem Bett hochschrecke, versteckt sich das Baby oft in der Nähe. Ich hoffe, sie hat diesen teuflischen Schabernack, diese ermüdende Folter bald satt. Meine *Einsicht*, sonst ein erstaunliches Instrument, nutzt mir hier überhaupt nichts. Jedesmal, wenn ich mich zusammenreiße, mit unendlichen Schmerzen und Schwierigkeiten aufstehe und in ihr Zimmer gehe, liegt sie natürlich wieder in ihrer Wiege. Sie liegt da und tut so, als schliefe sie. Stundenlang beobachte ich sie, aber in ihrem Schwindel zeigt sie nicht die kleinste Schwäche. Schizophrene können das, die *brauchen* nämlich keinen Schlaf. Und wenn ich dann schließlich ins Bett zurückgehe, kriecht sie sofort hinter mir her ins Zimmer. Das Baby will, daß ich etwas tue, was ich nie tun werde.

Francesca ist verletzt und in sich gekehrt, seit ich ihre Pläne und Absichten durchkreuzt habe, und spielt die Gleichgültige. Sie konzentriert sich ganz auf das Baby mit dieser raffinierten Hättest-du-nicht-gedacht-Strategie, die die Frauen und das Schicksal immer anwenden. Ned ärgert sich selbstverständlich auch darüber. Er wollte, daß Fran mich zu ihrem Liebhaber macht; er ist so alt, daß er kaum erwarten kann, sie noch lange zu befriedigen. Also ignoriert Onkel Ned mich, ist immer rasend woanders beschäftigt. Von morgens bis abends bin ich sehr lieb zu dem Baby, habe es schon mehrmals gebeten, nachts nicht mehr zu kommen. Aber es hört gar nicht zu und verhält sich so, als wäre es ein ganz gewöhnliches kleines Geschöpf namens Harriet. Wenn sie ihre Gefühle offen zeigt, wenn sie mich anstarrt mit dem bösen Blick eines fast schon absurden Hasses, dann denken sie nur, es weint wie ein Baby.

Sie scheinen sich hier alle zu lieben, und vielleicht ist es das, was mir fehlt. Ned liebt Fran, die liebt Harriet, die liebt Fran, die liebt Ned, der liebt Harriet, die liebt Ned. Manchmal bilde ich mir ein, trotz dieser trübsinnigen Qual und dieser widerlichen Verwirrung, ich wäre, wenn ich nicht so krank wäre, einfach nur liebessüchtig, nur voll Liebeskummer. Ich wäre nur liebeskrank. Dad ist nicht mehr da, und meine Mutter hat eigentlich schon immer durch ihre Abwesenheit geglänzt. Ich wäre nur liebeskrank. Wenn es hier nämlich um das Liebes-Match geht, habe ich verloren, vom Platz geputzt, sechs-null, sechs-null, sechs-null.

Selbst mit meinem *unzulänglichen Zeitgefühl* weiß ich, daß ich Stunden damit zubringe, über die Feuerschneisen des Wassers zu sinnieren. *Einsicht.* Werde ich sie überqueren? Die Insekten und die Fauna im Wald zusammen machen ein Geräusch wie eine große Tür in trockenen Angeln, die sich langsam auf immer schließt, sich vor mir schließt, sich hinter mir schließt. Auch die wilden und schönen Libellen, die Wächter des Flame Lake, können mich nicht ausstehen.

Neds Tagebuch

5. August. Dan behandelt das Baby barsch oder sachlich, nüchtern – aber außerordentlich vorsichtig. Wenn Harriet in ihrem hohen Kinderstuhl, glücklich, Dan zu sehen, die Arme ausbreitet, hebt er sie mit einem gewissenhaften Ausdruck im Gesicht hoch und – er zeigt die besondere Sorgfalt der Unbeholfenen – sucht, die Hände unter ihren Achselhöhlen, nach der Balance, bevor er sie in den Himmel schnellt, bemüht, die kleinen Gelenke nicht zu sehr zu belasten. Draußen, am versengten Seeufer, wenn das Baby herumkriecht und Gott weiß was in ihren Mund stopft oder blitzschnell auf das Wasser zukrabbelt, ist Dan immer in stirnrunzelnder Alarmbereitschaft und läßt sie nicht aus den Augen. Ich habe gesehen, daß er viel mit ihr redet, und das ist gut, denn ich rede kaum mit ihr. Harriet betet ihn an. Es ist schön, den beiden zuzusehen. Fran und ich können uns keine natürlichere Therapie, keine bessere Empfehlung für das Leben und das Lebendige vorstellen, als bei einem Baby zu sein, das seine erste Bekanntschaft mit der Welt macht… Ich bin mir nicht sicher, was es mit dieser ‹exponentiellen› Sache auf sich hat. Vielleicht gibt es heute einfach mehr und mehr von allem möglichen Mist. Dieser Fall des vierjährigen Mädchens und ihres Stiefvaters, Stiefonkels und Stiefgroßvaters hat mich sehr beunruhigt. Jede Nacht sind sie – nein. So kann man sich das nicht vorstellen. Aber das können wir uns vorstellen: die großen Augen des Kindes, die sich öffnen und den ersten der Männer ansehen, der ihren Raum betritt. Ich dachte, das Wetter würde umschlagen. Denkste. Wir müssen offenbar bis zum Ende aller Zeiten mit dieser Hitze fertig werden. Sah Benson Holloway, wie er mit dem Jeep aus der Stadt kutschierte. Fuhr bestimmt hundert. Dans Mückenstiche sind wieder da.

Dans Notizbuch

Nur die Mücken lieben mich. Nur die Mücken lieben mein Blut.

Während ich diese Worte schreibe, sehe ich auf der anderen Seite des Drahtgitters acht oder neun von ihnen schwärmen, nur zwei Schritt entfernt formen sie den Umriß meines Gesichts so sicher wie die Sterne die Silhouette Dracos, des Feueratmers, umreißen, dort oben, an den polumspannenden Himmeln. Sie warten. Bald werde ich zu euch kommen, meine Schönen. Mit der Hilfe meiner *Größen-Inkonsistenz* werden sie sich in weniger als einer Sekunde aus Dreckspritzern in gehörnte Kolibris verwandeln, wenn sie sich niederlassen, um (Hitzesucher, Blutsucher) auf meinem offenen Gesicht zu saugen.

Das Wasser des Sees hat sich bis an die kritische Grenze aufgeladen. Und das Baby fragt mich, warum ich noch warte.

‹Tyramin›, fängt sie meistens an (nachdem sic stundenlang meinen Namen gerufen hat). ‹Bufotenin. Sorotonin. Malvaria. Reserpin. Spermadin. Tyramin.›

Später sah ich auf, und das Baby stand am Kopf meines Bettes. Tränen liefen brennend über die Stiche in meinem Gesicht, als ich sie anflehte, leise in ihr Zimmer zurückzugehen und mit diesem elenden Experiment aufzuhören, aber ihre Augen glänzten vom Glitzer-Zischel der Schizophrenie, als sie mir erklärte, wie wir uns beide – zusammen – von unserem Los durch das Feuer befreien könnten. Sie will, daß ich sie mitnehme zum schlafenden Sprengkopf des Flame Lake, um so der großen Ungewißheit ein Ende zu machen.

Wir wissen beide, daß selbst jetzt, in tiefster Nacht, das Wasser schwarz und kochend wie Vulkanpech sein wird, während am Himmel die Leptonen der Sterne wachsam die wartende Erde und die starke Kraft umkreisen. Sie verließ mich in der Dämmerung mit einer Warnung. Aber mir ist klar, daß ich mich heute nacht entscheiden muß.

Es ist einfach grausam und sinnlos, daß das Baby tagsüber, wenn wir die Dinge vernünftig diskutieren könnten, nur so daliegt, lächelt und vorgibt, ein Baby zu sein.

Neds Tagebuch

6. August. Mit aller Ausführlichkeit, zu der ich mich aufraffen kann, will ich beschreiben, was heute morgen geschah. Um acht Uhr stand ich auf und kochte eine Kanne Kaffee; seit der Geburt ist Fran ein kleiner Langschläfer. Offenbar war Dan noch nicht auf, was mich überraschte – normalerweise sitzt er in der Küche und wartet geduldig. Ich trank eine Tasse Kaffee und blickte über den Flame Lake. Das Wetter war umgeschlagen. Nebelschwaden lagen schwer auf dem Wasser, über seine Farblosigkeit verstreut lagen Spritzer Silber, Flecken Gold. Ich weiß noch, daß ich dachte: also war der See ein Blindgänger, ein Fehlzünder – er ist nie richtig losgegangen. Ich öffnete die Tür zu Dans Zimmer, die Kaffeetasse fiel aus meiner Hand und zerbrach, lautlos, so schien es. Das Bettzeug und die Vorhänge waren in Stücke gerissen, zerfetzt. Wie ich dort stand und starrte, spürte ich eine große Gewalt, unterdrückte und komprimierte Gewalt – alles war zerbissen, zerschlagen, gewürgt, zerdrückt, implodiert. Auf den hölzernen Oberflächen gab es Abdrücke von Zähnen, tiefe Bisse und lange Kratzspuren an den Wänden. Ich ging nach draußen. Seinen dünnen Körper sah ich sofort, Gesicht nach unten im seichten Wasser… Ich weckte Fran. Ich rief Sheriff Groves an. Ich rief Dr. Slizard an, er war schockiert, aber nicht überrascht. Wir brachten die ganze Sache ins reine. Glücklicherweise schlief das Baby und hat von alldem wohl nichts gemerkt. Der Kleinen geht es gut, die Aufregung scheint sie nicht beunruhigt zu haben. Hin und wieder blickt sie sich suchend, dann fragend nach ihm, nach Dan, um. Großer Gott, der arme, arme Junge. Im Januar wäre er dreizehn geworden.

Ich weiß nicht, wo der Fehler liegt. Gerade habe ich Dans Notizbuch gelesen, bevor ich es, wie er es verlangt, an Dr. Slizard und seine Abteilung schicke. Ich komme mir vor wie ein Narr, wie ein alter Narr. In schuldhaftem Maße habe ich es an – an Einsicht fehlen lassen. Und was sonst noch? Ich habe gerade Dans Notizbuch gelesen, und alles, was mir dazu einfällt, ist ein Gedanke, der aus einer unmöglichen Ecke kommt. Gestern, beim Frühstück, war Dan hier. Als er seinen Saft trank, las er die Rückseite der Corn-Flakes-Packung. Was könnte – was könnte natürlicher sein? Als Kind habe ich das selbst auch immer getan: Faltpläne kleiner Flugzeuge, Einsende-Quiz, Comics, Rezepte für Waffeln und Kekse. Aber heutzutage? Auf der Rückseite der Packung stehen Diättips zur Vorbeugung gegen Krebs. Auf der Rückseite der homogenisierten, pasteurisierten, mit Vitamin D angereicherten Milchpackung sind die Fahndungsfotos zweier lächelnder Kinder abgebildet, vermißt (Haben Sie sie gesehen?). Geburtstag: 7.7.79. Größe 107 cm. Haare braun, Augen blau. Vermißt, sehr vermißt, würde ich wetten. Klar. Wahrscheinlich aus dem Weg geräumt, vergewaltigt und irgendwo über eine Mauer geworfen, vergewaltigt und ermordet, das ist das Wahrscheinlichste. Ich weiß nicht, wo der Fehler liegt.

Die Zeitkrankheit

Siebzehnundvier und die *Zeit*krankheit ist ansteckend. Jedenfalls in meiner Kredit-Kategorie. Und in deiner auch, mein Freund, wenn ich nicht daneben tippe. An was anderes denkt keiner mehr. Keiner gibt auch nur vor, noch an was anderes zu denken. Den Himmel natürlich ausgenommen. Der arme Himmel... Das ist echt ein Ding. Ein Zustand. Wir denken alle über *Zeit* nach, *Zeit* sparen, mit *Zeit* niederkommen. *Ich bin* noch okay, vorläufig wenigstens.

Ich nahm meinen Handspiegel heraus. Jeder hat heute mindestens einen Handspiegel bei sich. In den Luftzügen sieht man sie waggonweise vornübergebeugt, wie sie aufmerksam ihre Scheitellinien und Augenhöhlen untersuchen. Die Angst ist so elektrisch wie das schwirrende Kabel über ihren Köpfen. Man sagt, daß die *Zeit*-Angst mehr Menschen fertigmacht als die *Zeit* selbst. Aber nur die *Zeit* ist tödlich. Das ist ein Problem, zugegeben, ein eindeutiges Zeichen. Wie soll man das Thema wechseln, wenn es nur ein Thema gibt? Die Leute wollen nicht über den Himmel reden. Sie wollen nicht über den Himmel reden, und das kann ich ihnen nicht verdenken.

Ich nahm meinen Handspiegel und gönnte mir einen Zehn-Sekunden-Check: unterer Zahnfleischrand, linke Augenbraue zählen. Ich fühlte mich so gestärkt, daß ich vorsichtig in die Küche ging und eine Dose Bier aufriß. Ich aß einen *hero* mit *Schinkensalat*, steckte mir dann eine Zigarette an, aktivierte den Fernseher und klinkte mich in den Therapie-Kanal ein. Ich sah einen siebzig Jahre alten Dokumentarfilm über einen Straßenausbauplan in einem Flecken namens Orpington, drüben in England... Langeweile, sagt man, sei eine ausgezeichnete Prophylaxe gegen *Zeit*. Wir bekamen alle die Anweisung, uns so ausgiebig wie möglich zu langweilen. Jemanden anderen zu langweilen soll sogar noch heilsamer sein, als sich selbst zu langweilen. Deshalb reden wir in Gruppen auch immer lauter, und reden, und reden über alles, was uns gerade einfällt. Ich selbst, ich rede die ganze Zeit über *Zeit*: eine leichtsinnige Angewohnheit. Hört mir nur zu. Ich mach's schon wieder.

Das Outercom klingelte. Ich schaltete von Therapie auf Empfang. Kein Bild. «Wer ist dran?» fragte ich den Fernseher. Der Fernseher sagte es mir. Ich seufzte und legte den Anruf auf eine Dreißig-Sekunden-Warteschleife. Sanfte Musik. Langweilige Musik... Okay – wollt ihr meine Theorie hören? Es gibt welche, die behaupten, *Zeit* sei eine Folge von Überbevölkerung, Luftpest, Stadtleben (und was anderes als Stadtleben gibt es heutzutage nicht). Andere sagen, *Zeit* wäre durch die ersten Atomkriege entstanden (nur begrenztes Theater, Iran gegen Pakistan, Zaire gegen Nigeria und so, weiter keine große Sache: die nahmen die Hitze und das Licht, wir die Kälte und die Dunkelheit; das half, die Luft zu versauen) oder eher noch durch die nachfolgende, totale Berichterstattung im Fernsehen: den ganzen Tag krümmte sich Fleisch auf dem Bildschirm, sterbendes Fleisch oder lebendes Fleisch in verrückten Altersstadien. Andere wiederum behaupten, *Zeit* sei eine evolutionäre Konsequenz der Weltraumabenteuer der Menschheit (sie hätten da erst gar nicht hoch gehen sollen, so prekär wie die Dinge zu Hause stehen). *Lebensmittel*, Pornographie, Krebs-Kuren... Ich selbst, ich denke, es war das zwanzigste Jahrhundert. Das hat schuld. Mehr brauchte es nicht, nur das zwanzigste Jahrhundert.

«Hey, Happy», sagte ich. «Was gibt's Neues?»

«...Lou?» Ihre Stimme klang vorsichtig. «Lou, ich fühl mich nicht gut.»

«Das ist nichts Neues. Das ist alt.»

«Ich fühl mich nicht gut. Ich glaube, diesmal passiert es wirklich.»

«Na klar doch.»

Typisch Happy Farraday. Ganz richtig: der Fernsehstar. *Die* Happy Farraday. Mit ihr und mir ist es eine alte Geschichte.

«Dann wollen wir mal einen Blick auf dich werfen», sagte ich. «Mach schon, Happy, schalt die Bildfrequenz ein.»

Der Schirm blieb leer, es schien, als winselten und duckten sich seine toten Zellen, sprungbereit. Einer plötzlichen Eingebung folgend, wechselte ich von Empfang auf Tagesspiel. Happy sah frontal in die Kamera und zog aufgedreht ihr Ding ab. Ich schaltete zurück. Immer noch kein Bild. Ich sagte: «Ich hab dich gerade auf dem anderen Kanal überprüft. Du bist in Top-Form. Wie hoch ist dein Faktor?»

«Es ist da», sagte ihre Stimme. «Es ist *Zeit.*»

Fernsehstars sind besonders anfällig für *Zeit*-Angst – für *Zeit* auch, sollte man ergänzen. Warum? Ich denke, wir haben es hier mit einem Berufsrisiko zu tun. Zugegeben, die Arbeit könnte kaum langweiliger sein. Die meisten Leute haben davon keine Ahnung, aber all die Figuren in den Lehnstuhl-, Tagesspiel- und Proszenium-Kanälen schreiben ihre Texte selbst. Eine neue Masche, die das Formlose unterstützen und den Seriencharakter verhindern soll: die Gurus von der Forschungsabteilung über Planziele haben festgestellt, daß das bei den Hausfixierten viel besser ankommt. Außerdem sind die schriftstellerischen Größen sowieso alle bei den Spiel-Entwürfen oder bei der Massentherapie, schreiben Beruhigungszeugs für die Arbeitslosen oder für andere Bevölkerungsschichten, die das bloße Funktionieren langsam hinter sich lassen. In der Freizeit- und Besänftigungsindustrie lassen sich Vermögen scheffeln. Den bekannteren Schriftstellern geht es wie den billionenschweren Kids in der Frühphase der Chip-Revolution. Andererseits hebt Geldscheffeln – genau wie Lesen und Schreiben – den *Zeit*-Angst-Level an. Ganz eindeutig. Je mehr Geld man hat, um so mehr Zeit hat man, sich über *Zeit* Sorgen zu machen. Klar doch. Happy Farraday ist ganz oben im Kredit und leidet außerdem unter Starruhm (Millionen kennen dich, oder glauben zumindest, sie kennen dich), diese kollektive Sympathie, diese Identifikation und Anteilnahme, so was schwächt den *Zeit*-Widerstand dramatisch. Ich führe Buch über diese Dinge. Ich fange an, sie als Reziprozitäts-Syndrom zu begreifen, eines der neuen –

Wo war ich stehengeblieben? Ach ja, ich telefoniere mit Happy. Meine Gedanken schweifen manchmal ab. Verzeiht. Es hilft, *zeit*-weise.

«Okay. Erzählst du mir, welche Symptome du hast?» Sie zählte sie auf. «Hol einen Arzt», witzelte ich. «Hör zu. Jetzt mach mal 'nen Punkt. Das wievielte Mal ist es in diesem Jahr? Das zweite Mal? Das dritte?»

«Diesmal ist es was anderes.»

«Es ist nur die neue Rolle, Happy. Nichts anderes.» In ihrer neuen Serie im Tagesspiel hatte Happy die Rolle einer glamourösen Vierzigjährigen, die an einem schweren Fall von *Zeit*-Angst litt. Und das blieb nicht ohne Folgen – natürlich nicht. «Weißt du, wem ich die Schuld geben würde? Deinem Talent! Du bist einfach zu gut als Schauspielerin. Greg Buzhardt und ich waren –»

«Hör schon auf, Lou», sagte sie. «Geh mir nicht auf die Nerven. Es ist ernst. Es ist *Zeit.*»

«Ich weiß, was du jetzt machen wirst. Ich weiß genau, was du vorhast. Du wirst mich jetzt fragen, ob ich zu dir kommen kann.»

«Ich zahle auch.»

«Es geht nicht ums Geld. Happy, es geht um die Zeit.»

«Nimm die Dollar-Linie.»

«Hey, hey», sagte ich. «Du scheinst es ja wirklich ernst zu meinen.»

*

Also stand ich auf der Schulter und wartete darauf, daß Roy meinen Horsefly aus der Garage holte. Happy ist nun einmal eine alte Freundin von mir und eine meiner wichtigsten Klientinnen, außerdem eine Ex-Ehefrau, also konnte ich mir keinen Fehler leisten. Da draußen war ich mir eine Zeitlang nicht sicher, wie spät es sein sollte, ob ich es mit Tag oder mit Nacht zu tun hatte – aber dann sah ich das schwache Zucken, die kraftlosen Pulsschläge der Sonne im Osten. Das schwere grüne Licht suppte durch die klaffende und zerfetzte Troposphäre, die aufschäumte und sich veränderte, als wäre sie flüssig, ihre Scharten wie Laufmaschen in Seide oder in Strumpfhosen. Grünes Licht: auf geht's... Letzte Woche bin ich selbst ziemlich in Panik geraten, eine üble Panik. Ich lag mit Danuta im Bett, und wir hätten uns fast aufs Lieben eingelassen. Ein blöder Gedanke – aber es war ihr Geburtstag, und wir hatten in der Nacht eine Menge Tranquillizer geschluckt. Außerdem glaube ich nicht, daß das Lieben so riskant ist, wie es einige Leute behaupten. Wenn man die hört, könnte man glauben, Sex wäre eine Art Pakt mit dem Selbstmord. Wer Händchen hält, der setzt gleich sein Leben aufs Spiel und so. «Seht euch doch die *Zeit*-Todesrate in den unterprivilegierten Klassen an», sage ich denen. Die vögeln, als gäb's kein Morgen mehr, und kommen die mit *Zeit* nieder? Siehste. Wir sind es, die Chargen mit den hohen Krediten, die wirklich in Gefahr sind. So wie Danuta und ich. Wie Happy. Wie du... Egal. Wir lagen zusammen auf dem Bett, halbnackt, wie ich schon sagte, und redeten über die Möglichkeiten, eventuell in die richtige Stimmung für ein wenig von dieser alten Prä-Vorspiel-Sache zu kommen – als ich ganz plötzlich ein rosiges Glühen wie Schweiß in mir ausbrechen fühlte. Da war diese innere Hitze, eine große Hitze, mit was Grenzenlosem an sich, wie ein

Klumpen im Innersten meines Seins. Ich drehte durch. Man redet sich immer ein, man wäre dann tapfer, würdig, stoisch. Aber ich rannte heulend ins Bad und riß den Dreifach-Spiegel auf; mit einem Knistern ging das automatische Check-Licht an. Ich öffnete meine Augen und glotzte. Dann stand ich da und wartete. Gott sei Dank, ich war sauber, ich war gerettet. Ich brach zusammen und weinte vor Erleichterung. Danuta half mir später ins Bett. Wir haben nicht mehr versucht, uns zu lieben. Nichts da. Dafür habe ich mich einfach verdammt zu gut gefühlt. Ich lag da, betupfte meine Augen, glücklich, dankbar – wieder mein altes Ich.

«Vögelst du häufig, Roy?»

«– Sir?»

«Ob du häufig vögelst, Roy?»

«Manchmal, schätze ich.»

Roy war ein ernsthafter junger Verdiener der gebeugten Schnäuzer-Sorte. Er schien unter drückenden Verantwortungen zu leiden, sogar seinen Patronengurt trug er wie ein Bruchband oder eine Art Korsett. Er hat das B-Kredit-Aussehen, das Puffer-Klasse-Aussehen. Es besteht die Absicht, die Gesellschaft ziemlich bald in drei gleiche Kategorien einzuteilen. Kategorie B wird sich ausschließlich der Aufgabe widmen, die Kategorie A vor der Kategorie C zu schützen. Ich bin Kategorie A. Ich bin froh, daß Roy und seine Jungens auf meiner Seite sind.

«Wohin fahren Sie heute, Sir?» fragte er mich, als er mir meine Auto-Karte gab.

«In die Ferne und über die Berge, Roy. Ich treffe mich mit Happy Farraday. Soll ich ihr etwas ausrichten?»

Roy sah verwirrt aus. «Sir», sagte er, «Sie sollten sie über Duncan aufklären. Der neue Typ im Haus. Er hat's mit dem Alkohol. Und Happy Farraday weiß davon noch nichts. Duncan, der fackelt Sachen ab, mit dem Problem, was er hat, Sir.»

«Sein Problem, Roy? Das ist hart, Roy.»

«Nun ja. Ich will hier ja nichts Urteilsmäßiges sagen. Vielleicht hat er das ja nur früher gemacht, als Kind und so. Aber Duncan hat 'ne Alkoholsache am Laufen. Das ist echt wahr, Mr. Goldfader. Und Happy Farraday weiß davon noch nichts. Man muß sie warnen. Sie müssen sie warnen, Sir – sofort, bevor es zu spät ist.»

Ich sah in Roys hübsches, flehendes, zutiefst blödes Gesicht. Die heißen Augen, die zitternden Wangen, der Schnäuzer. Mein Gott, wie können diese Typen nur glauben, daß ein *Schnäuzer* einen Unterschied macht? Zum hundertstenmal sage ich ihm: «Roy, es ist alles nur erfunden. Es ist nur Fernsehen, Roy. Sie schreibt die Geschichten selber. Das ist nicht wirklich.»

«Also davon weiß ich nichts», sagte er, seine Hand versöhnlich gespreizt. «Aber ich hätte ein ruhigeres Gewissen, wenn Sie sie über diese Sache mit Duncan aufklären würden.»

Für einen Moment hielt Roy inne. Er beugte sich, nicht ohne Schwierigkeiten, um an einem Ölflecken auf seinen superwaschbaren blauen Hosen herumzutupfen. Mit einem gedehnten Pfeifen richtete er sich wieder auf. Roy war jung und deshalb natürlich – aus *Zeit*gründen – unglaublich fett. Wir standen beide da und starrten in den Himmel, auf die überlaufenden, verfließenden Farben, starrten in den großen chemischen Verrat...

«Ziemlich schlimm heute», sagte Roy. «Sir? Mr. Goldfader? Ist es wahr, was man sich erzählt, daß Happy Farraday mit *Zeit* niederkommt?»

Es herrschte kaum Verkehr, und bevor ich mich versah, war ich bei Happy. Verkehr *ist* ein Problem, wie keiner müde wird zu wiederholen. Er ist jedoch ertragbar, wenn man die teureren Spuren benutzt. Wir haben in unserem Land ein fünfspuriges System: frei, Nickel, Dime, Quarter und Dollar (nichts, fünf, zehn, fünfundzwanzig oder hundert Dollar für eine Meile) – aber die Freispur ist zur Zeit natürlich nicht befahrbar, ein Netz verstopfter Straßen, eine Blechkarawane, ein langgezogener Schrottplatz zusammengebrochener und erledigter Häuflein, nutzloses rollendes Material, das niemals mehr rollen wird. Bald werden sie auf der Nickelspur das gleiche Problem haben. Das Irgendwohin-Fahren ist so unglaublich langweilig, und das macht es zu so 'ner Sache. Außerdem hat es noch einen Vorteil: seit die Rückspiegel verboten sind, bleibt nicht mehr viel Raum für *Zeit*-Angst. Sie mußten die Rückspiegel entfernen. Jawohl, Sir. Das hatte meine volle Unterstützung. Der Konzentrationsverlust war eine echte Show; ihr wißt, was ich meine: zur gleichen Zeit fahren und die Krähenfüße und den Haarscheitel überprüfen. Auf der Schnellstraße, auf den billigen Spuren, die einen gar nicht oder nur minimal vorwärts kommen ließen, herrschte meistens eine Art Party-Stimmung. Die Leute stiegen aus ihren Autos und trieben Blödsinn. Soweit ich weiß, treiben sie es immer noch so. Durch den neuen Monotonie-Drive sind die Trennbarrieren jetzt höher, und was daraus wird, läßt sich noch nicht absehen. Trotzdem, ich *hab* was Interessantes gesehen. Ließ sich gar nicht vermeiden. Während der langen Warterei an der Kontroll-Kreuzung, wo sie es sogar fertigbringen, mit Abschleppwagen und Ambulanzen – und mit den Massen von Polizeikrads und Streifenwagen – die Dollarspur zu vermurksen, sah ich drei *Jogger*, drei *Zeit*-Punks, wie sie mit gleichmäßigen, federnden Schritten über die stillgelegte Frachtspur liefen, den East Viaduct rauf. Da waren sie, schamlos wie der Tag: Shorts, Sweatshirts, Turnschuhe. Die Fahrer im Stau drückten auf ihre Hupen, ein tiefes, wütendes Bellen der alten Viecher in ihren Ställen. Ein paar Dutzend Bullen erschienen mit Lautsprechern und versuchten, es ihnen auszureden – aber sie winkten nur und *rannten* trotzig weiter. Die tikken nicht richtig, diese Punks, aber irgendwo gibt's 'ne Art Logik in dem Ganzen, denke ich. Die haben's auch mit Vitaminen. Echt. Die lassen es raus und vögeln rum; die haben ihre nihilistischen Marathons. Letzte Woche sah ich eine von ihnen ganz aus der Nähe, unten bei den Studios. Ein Wachpolizist traf sie, wie sie über den alten Außenring *rannte*. Sie stellten ihr einige Fragen und ließen sie dann laufen. Sie war um die dreißig, schätze ich. Sie war wahnsinnig in Form.

Und so fuhr ich ohne Zwischenfall weiter. Aber sogar durch das behandelte Glas der Windschutzscheibe konnte ich die scheußlichen Blasen und Tropfengebilde in der verfaulten Luft sehen und spüren. Es kommt überall durch. Stell dir vor, du siehst zehn oder fünfzehn Minuten lang in den lodernden Nachmittag einer Glühbirne mit hoher Wattzahl – dann mach die Augen zu, richtig fest, ganz plötzlich. So sieht der Himmel aus. Wir bedauern ihn. Oder ich tu es wenigstens. Ich starr in den Himmel und denk einfach nur... Wahnsinn. Der Himmel, der arme *Himmel*.

Happy Farraday hatte beim Realty HQ dafür gesorgt, daß ich bevorzugt abgefertigt wurde, weshalb ich dort auch nicht besonders lange rumhängen mußte. Ich muß gestehen, ich war schockiert, wie nachlässig und oberflächlich die Typen von der Sicherheit geworden sind. Aber nach ein paar ruhigen Wochen ist das immer so. Es fehlt ein Anschiß aus Abteilung C, dann hagelt es wieder Mahnbriefe. Ich zog mich in meiner Kabine an und trocknete mir die Haare. Während ich im Magazin das Okay der Urinanalyse und des Röntgen-Kongruenz-Tests abwartete, setzte ich mich vorsichtig und ganz behutsam (ihr wißt ja, wie man sich nach einer Körperkontrolle fühlt), sah fern und nahm drei Zeitungsausschnitte aus meiner Brieftasche. Dokumente für die Ablage. Was sagt ihr dazu?

Item Nr. 1, von der Nachrichtenseite der *Bildwoche*:

In einer Serie von Experimenten hat der Physikstudent Edwin Navasky vom Valley Chemie-Workshop ‹nachgewiesen›, daß heißes Wasser schneller gefriert als kaltes Wasser. «Wir machten den Test viermal», sagte Edwin. Und sein Tutor, Joy Broadener, fügt hinzu: «Es ist eine Tatsache. Wir sind völlig verblüfft.»

Item Nr. 2, von der Dokumentarseite des *Leitfaden für den Lehnstuhl*:

Am letzten Montag entfiel der Auftritt der Kandidatin Day McGwire. Ihre Absicht war: sie wollte das anhaltende, aber unbegründete Gerücht, sie leide an Herzattacken, widerlegen. Die Kandidatin konnte leider nicht kommen. Der Grund: kardiale Unregelmäßigkeiten machten eine plötzliche Einweisung ins Krankenhaus notwendig.

Item Nr. 3, aus der Spalte ‹Letzte Meldungen› der *Television*:

Der Wetterpilot Lars Christer berichtete von einem weiteren Sichtkontakt mit dem «Das Ding da oben» während eines Routineflugs in niedriger Höhe. Lokalisation: 10000 Fuß über Lake Baltimore. Seine Beschreibung: ‹Es war irgendwie oval, mit irgendwas wie einem schwarzen Kreis in der Mitte.› Man nimmt an, daß es sich bei dem Phänomen um eine Kumuli- oder Sporen-Formation handelt. Christers Reaktion: ‹Ich weiß nicht, was ich davon halten soll. Es ist echt ein Ding.›

‹Goldfader› röhrte es aus der Lautsprecheranlage in meine Gedanken. Der Caddycart stand am Ausgang bereit. Im Westen sah der atomverseuchte Himmel besonders höllisch und aufgewühlt aus, eine pulsierende Sonne wie ein geschälter Augapfel am niedrigen Horizont – blutfarben, konjunktivistisch. Pink-Auge. ‹Das Ding da oben›, vermute ich manchmal, könnte wie ein Auge aussehen, fleckig von schmerzenden

Tränen, glotzig, entzündet... Vorsichtig tastete ich mich mit meinem Stock um die Rückseite von Happys Bungalow. Ihre zwanzigjährige Tochter Sunny lag nackt auf einem Liegestuhl und badete sich im Dunst. Sie machte keinerlei Anstalten, sich zu bedecken, als ich an den Rand des Swimmingpools humpelte. Eines Tages, so will es die kleine Sunny, soll ich ihr Agent sein, und ich schätze, sie wollte mir zeigen, was sie anzubieten hatte. Wie man so sagt: wer hat, der hat.

«Hey Lou», sagte sie schläfrig. «Nimm dir 'nen Drink. Mach schon. Schließlich ist es fünf Uhr.»

Kritisch musterte ich Sunny, als ich mich an ihr vorbei in Richtung Bar schob. Das Kid war wirklich eine Titelblattschönheit, gar keine Frage. Nicht daß ihr mich jetzt falsch versteht. Ich sagte *Titelblatt*, aber Pornographie hat mit *Zeit* natürlich nicht Schritt gehalten. Zuerst versuchten sie, in den Magazinen und Kabelprogrammen für Erwachsene den neuen Typ Frau anzubringen, aber ohne Erfolg. Soweit sie nicht als blutiger Untergrundsport oder als Punk-Sache überlebte, bedeutete *Zeit* für Pornographie effektiv das Ende. *Zeit* bedeutete das Ende für eine Menge Dinge. Das ist ein ganz zentraler Satz, eine Schlagzeile sozusagen. Woran denken wir, wenn wir es da unten treiben, seit Masturbation die einzige Form von Sex ist, vor deren Ausübung das Gesundheitsministerium nicht warnt? Was ist uns denn noch *übriggeblieben*, an das wir denken könnten? Ich? – ich verrate nichts. Mein Gott, *du* vielleicht? Welch Bilder ziehen, welch Hirngespinst vorüberhuscht... was geschieht mit diesen Gedanken dort oben, wo sie sich drängen, sich sammeln am schimmelnden, ausgelaugten, abgefuckten Himmel?

«Komm schon, Sunny. Wo ist dein Bademantel?»

Ich mischte mir einen Wodka-Kontext, knabberte lustlos an einer *Brezel* und beobachtete Sunnys im Dunst sanft glänzenden glatzköpfigen Schädel. Ich seufzte.

«Magst du meine Birne?» fragte sie, ohne sich umzudrehen. «Beruhig dich, ist nicht echt.» Sie setzte sich endlich aufrecht und sah mit affektiertem Blick zu mir herüber. Sie lächelte. Ihre Zähne waren auch falsch – bestimmt von irgend so einem wilden Plombenkünstler unten im Valley. Ich pflanzte mich wieder an den Rand des Swimmingpools und musterte sie gründlich. Die Fettwülste und die Blässe waren ganz in Ordnung, nur die Schwangerschaftsstreifen sahen nach Kosmetik aus: zu symmetrisch, zu deutlich.

«Jetzt hör mir mal zu, Kid», fing ich an. «Tatsache bleibt Tatsache.

Dunstbaden, den ganzen Tag mit einer oder auch mit zwei Flaschen am Pool rumhängen, um die Mitte herum so 'n bißchen zunehmen – für Mädchen ist das genau das Richtige. Ich meine, du mußt schließlich in Form bleiben. Aber dieser schafsdämliche Karneval, Sunny, das ist doch nur was für Punks. Solange wie ich im Geschäft bin, habe ich es noch nie mit halben Sachen getrieben, und ich werde auch nie damit anfangen. Die Gründe kann ich dir nennen. Nummer eins –» Und ich gab der kleinen Sunny da draußen eine lange Predigt, einen wirklichen Brocken meiner gesammelten Lebensweisheiten. Ich hatte sie sicher in der Monotonie-Ecke, und ich gab ihr keine Chance. Ich hab gequasselt und gequasselt, mehr und mehr und noch mehr. Als die Langeweile langsam in Verzweiflung überging (irgendwann geht Langeweile immer in Verzweiflung über) und ich in den nichtssagenden Pool, den reflektierten Himmel, die heftigen Entladungen und die Sedimentschichten des schwarzen Regens starrte, wäre ich selber fast verrückt geworden.

«Egal», sagte ich und fand langsam ein Ende. «Was soll's. Du siehst großartig aus.»

Sie lachte, hustete und spuckte. «Vergiß es, Lou», krächzte sie heiser. «Ich mach das nur aus Spaß.»

«Freut mich zu hören, Sunny. Wo ist deine Mutter?»

«Zwei Tage.»

«Wie?»

«Auf ihrem Zimmer. Seit zwei Tagen auf ihrem Zimmer. Diesmal meint sie es ernst.»

«Na klar.»

*

Ich füllte meinen Drink auf und ging ins Haus. Der einzige Lichtstrahl im Flur kam vom schlaflosen Licht der Checklampe über dem Spiegel. Ich überprüfte kurz mein Äußeres, als ich vorbeihumpelte. Die intensive Langeweile und der leichte Stress der siebenstündigen Fahrt hatten mir gutgetan. Ich sah gut aus, wirklich gut. «Happy?» rief ich und klopfte.

«Bist du das, Lou?» Die Stimme war kräftig und klar – und außerdem kam sie rasch, wachsam und ohne Zögern. «Ich werde die Tür entriegeln, aber komm nicht sofort herein.»

«Sicher, mach ich», sagte ich, nahm einen Schluck und tastete nach einem Stuhl. Aber dann hörte ich es klicken und Happys energisches «Okay»...

Ich muß sagen, zwei Sachen machten mir zu schaffen. Erstens die Stimme; zweitens die Lebhaftigkeit. Wenn sie in diesem Zustand ist, kann man sie normalerweise kaum hören, und sie braucht eine Stunde und länger, um die Tür aufzumachen und wieder ins Bett zu kriechen. Die Frau muß mit der Hand auf dem Türgriff gewartet haben, dachte ich. Mit Happy ist alles in Ordnung. Der Dame geht es gut, sehr gut.

Ich ging also ins Zimmer. Über ihr Lager hatte sie breite schwarze Netze gespannt – glitzernde, fließende Netze, eine Bettstatt für die Brut des Teufels. Ich fand durch das Dämmerlicht zum Stuhl an der Seite ihres Betts und setzte mich ächzend. Ein vertrauter Stuhl. Eine vertraute Nachtwache.

«Macht's dir was aus, wenn ich nicht rauche?» fragte ich sie. «Es ist nicht die Lunge. Es macht mich nur fertig, die verdammten Dinger jedesmal anzuzünden. Du weißt, was ich meine?»

Keine Antwort.

«Wie fühlst du dich, Happy?»

Keine Antwort.

«Also, jetzt hör mir mal zu, Kid. Mit diesem Unsinn mußt du aufhören. Ich weiß, das mit der neuen Rolle ist nicht so leicht, aber – muß ich denn gerade dir sagen, was mit Day Montague passiert ist? Muß ich wirklich, Happy? Muß ich? Du bist vierzig Jahre alt. Du siehst blendend aus. Laß mich dir erzählen, was Greg Buzhardt sagte, als er letzte Woche die Clips gesehen hat. Er sagte: ‹Stil. Klasse. Präsenz. Originalität. Sieh dir die Einschaltquoten an. Sieh dir die Leistungskurven an. Happy Farraday ist die Frau in den Träumen aller Männer.› Das hat er gesagt. ‹Happy Farraday ist die –.›»

«Lou.»

Die Stimme ertönte in meinem Rücken. Ich wirbelte herum und fühlte, wie sich meine Nackenmuskeln spannten. Happy stand eingehüllt im Licht der offenen Badezimmertür und in der sanfteren Hülle, im Schleier eines seidigen Negligés. Sie sprühte vor Leben, strotzte vor Gesundheit und schien ihre eigene Lichtquelle zu sein, die Augen, der Mund, das Haar, die geschwungenen Linien ihres flammenden Halses. Die Seide glitt zu Boden, das Glas fiel aus meiner Hand, und tief in mir fiel oder stürzte noch etwas.

«Verdammt», sagte ich. «Verdammt, Happy, es tut mir leid.»

Ich kann mich daran erinnern, wie der Himmel aussah, als der Himmel noch jung war – seine Schals, seine wolligen Pelze, Bären und Wale, mit Buckeln und Schluchten. Ein grauer Himmel, ein blauer Himmel, ein kräftiger Himmel. Aber der Himmel ist verschwunden, am Firmament haben wir es mit was anderem zu tun. Ein wesentlicher Schutz fehlt in unserem Leben. Ich glaube, da oben ist jetzt eine Art Umschlagplatz. *Zeit*-Angst sammelt sich da oben und kommt in Form von *Zeit* zu uns zurück. Es ist der Himmel, der Himmel, der verfluchte Himmel. Man könnte denken, wenn genug Leute glauben, eine Sache sei real oder irgend etwas passiert, dann gibt es diese Sache auch wirklich, und irgend etwas muß passieren. Entgegen allem Anschein und aller Erwartung leben wir in magischen Zeiten: proletarische Magie. Graue Magie!

Jetzt, da alles vorbei ist, jetzt, wo ich zu Hause und auf dem Weg der Besserung bin, Danuta auf immer zurückgekommen und Happy für immer gegangen ist, denke ich, ich kann alles herauslassen und euch die ganze Geschichte erzählen. Ich sitze auf der schmalen Veranda, eine Decke über meinem Schoß. Hinter dem schützenden Gitter vor mir dehnt sich der Sonnenuntergang in seinem verseuchten Glanz, ein Sammelbecken für Dschinns, Kloakengeister und die rosaroten Dämonen des mittleren Himmels. Das Licht steht auf Rot: anhalten – laßt uns hier aufhören. Es könnte natürlich sein, daß «Das Ding da oben» nicht Gott ist. Es könnte der Teufel sein. Ziemlich bald wird Danuta nach mir rufen, es ist Zeit für meinen *Broth*. Dann ein Nickerchen und vielleicht noch ein Stündchen Fernsehen. Den Therapie-Kanal. Ich bin sehr dafür, früh ins Bett zu gehen... Heute nachmittag war ich spazieren, draußen auf der Schulter. Ich weiß nicht, warum. Ich glaube nicht, daß ich es noch einmal machen werde. Bei meiner Rückkehr tauchte Roy auf und half mir in den Fahrstuhl. Dann fragte er mich schüchtern:

«Happy Farraday – mit ihr wieder alles in Ordnung, Sir?»

«In Ordnung?» sagte ich. «In Ordnung? Was meinst du damit, *in Ordnung*? Liest du keine Zeitungen, Roy?»

«Ich hab mich nur gefragt, weil sie doch nach Australien gegangen ist, da hab ich mich gefragt, ob denn jetzt alles in Ordnung ist, für sie und so. Ich mein, es war ja besser so. Sie war man wirklich in einer Situation, mit Duncan. Es war wirklich 'n Ding.»

«Mein Gott, das ist doch nur Fernsehen. Sie haben sie einfach aus dem Drehbuch rausgeschrieben», sagte ich und fühlte eine plötzliche, bleierne Ruhe. «Sie ist nicht in Australien, Roy. Sie ist im Himmel.»

«– Sir?»

«Sie ist *tot*, verdammt noch mal.»

«Na ja, also davon weiß ich nichts», sagte er, eine seiner fetten Hände mit der Innenseite nach oben gedreht. «Alles was ich weiß, ist, daß ich hoffe, daß sie in Ordnung ist, da hinten in Australien.»

Happy ist im Himmel, wenigstens hoffe ich das. Ich hoffe, sie ist nicht in der Hölle. Hölle ist der Abendhimmel, und ich hoffe auf jeden Fall, daß sie da nicht ist. Ach, wie soll man das aushalten? Es ist echt ein Ding. Echt.

Ich gebe ohne Zögern zu, daß ich damals, im Schlafzimmer des Bungalows, in Panik geriet: dieser Wasserfall aus Licht, die so völlig veränderte Frau und ich selbst, den Zartheit und Angst doch so schnell an seine Grenzen kommen lassen. Ich habe viel geschrien. *Leg dich hin! Ruf Trattmann! Zieh dir deinen Morgenmantel an!* So oder so ähnlich. «Komm schon, Lou. Sei realistisch», hat sie gesagt. «Sieh mich an.» Und ich sah sie an. Yeah. Auf ihrer Haut lag überall dieser verräterische, fleischige Schimmer. Ihr Haar – das noch vor einer Woche, verdammt noch mal, so dünn und farblos wie mein eigenes ausgesehen hatte – vibrierte förmlich vor Glanz und Kraft. Und ihr Mund, mein Gott... die Lippen voll und feucht, eine animalische Zunge, wie ein Herz, so gar nicht Happys Zunge, eher die einer anderen Frau, größer, gieriger, jünger. Jünger. Klassischer Fall von *Zeit*. Klassisch.

Sie schaffte es, daß ich zu ihr rüberging und mich mit ihr aufs Bett legte, um sie zu trösten, um ihr ein wenig das Gefühl der letzten Sicherheit zu geben. Nervlich war ich in einem kritischen Zustand, wie ihr euch vorstellen könnt. *Zeit* ist zwar nicht ansteckend (*so viel* wenigstens wissen wir über *Zeit*), aber egal welche Krankheit, man wird dadurch nicht attraktiver, und ich brauchte meine ganze Distanz. *Halte Abstand,* heißt es. Dann sah ich – sah ich an ihren Brüsten, fest und doch schwer, ihren kleinen Warzen, weich, detalliert, *Zeit*-entzündet und merkte am Geruch, dem Geruch tiefster Erinnerungen, flutig, unterseeisch... wußte ich, welche Art Trost sie wollte. Stimmt, *Zeit* läßt es mit ihnen soweit kommen, dachte ich in meinem langsamen und prächtigen Schrecken. Du bist so weit gegangen, warum gehst du nicht weiter, fragte ich mich. Rück näher zu ihr, näher, näher. Mach es ihr, um alter Zeiten und um ihretwillen. Ich war bereit, ihr alles zu geben, was Kopf und Hand geben konnten, regte mich, bis ich auch das Fieber entlang meiner Hitzeadern spürte, das Anschwellen spürte, den Geruch von Jugend und Tod. Das ist Selbstmord, dachte ich, und es ist mir egal... Während der letzten Stunden, kurz vor der Dämmerung, stand ich irgendwann einmal auf, schleppte mich zum Fenster und sah in den schmerzenden, den verletzenden Himmel; für einen Moment fühlte ich mich grau und sanft hin und her pendeln, wie ein Kleiderbügel im Schrank, fühlte Happy hinter mir, allein in ihrem Bett, und ihren heißen Tod. «Liebling», sagte ich laut und legte mich wieder zu ihr. Ich mag es, dachte ich, und nickte plötzlich. Was ich mag? Ich mag die Liebe. Das ist Selbstmord, und es ist mir egal.

Vergeßt nicht, für die nächsten paar Monate war ich in einer fürchterlichen Verfassung, ein Wrack, fertig, völlig fertig. Ich wachte um sieben auf und sprang aus den Federn. Ich litt unter Energieanfällen. Sogar mit meinem *Essen* stimmte nichts mehr, ich hatte Lust auf saftiges Fleisch und schwere Weine. Ich konnte keine Therapie mehr sehen. Schon nach einer halben Stunde irgendeiner Heimwerker-Sendung oder einem Marathon-Dart-Wettkampf lief ich im Zimmer auf und ab, rasend bis in die zerbissenen Fingerspitzen. Danuta brachte ich auch mehrmals in Gefahr. Selbst bei der kleinen Sunny Farraday hab ich es versucht, als sie für einige Zeit nach der Beisetzung im Krematorium bei uns wohnte. Danuta ließ sich von mir scheiden. Sie zog sogar aus. Aber jetzt ist sie wieder da. Danuta ist wirklich ein liebes Kind – sie hat mir über alles hinweggeholfen. Jetzt liegt die ganze Sache hinter mir, und ich glaube (dreimal auf Holz geklopft), ich bin mehr oder weniger wieder mein früheres Selbst.

Ziemlich bald werde ich mit meinem Stock an das Fenster pochen, damit mir Danuta noch eine Decke bringt. Später, wenn es Zeit für meinen *Broth* ist, wird sie mir dann reinhelfen. Dann ein Nickerchen und vielleicht ein Stündchen Fernsehen. Den Therapie-Kanal. Vorläufig bin ich glücklich und blicke der heftigen Folter, der kochenden Akne des sterbenden Himmels bereitwillig entgegen. Wenn der Himmel tot ist, werden sie uns dann einen neuen geben? Heute nahm mein Anrufbeantworter eine seltsame Nachricht auf: ich soll eine Nummer in Sydney, drüben in Australien zurückrufen. Ich werde das morgen machen. Oder übermorgen. Yeah. Im Moment ist es mir zuviel. Nach meinem Stock zu greifen, ihn zu heben, gegen das Glas zu pochen, *Danuta* zu sagen, selbst damit nehm ich schon die steilen Höhen der Zeit. Alles geschieht so langsam neuerdings. Ich hab's jetzt auch mit meinem Rükken. Letzte Woche ist mir ein Zahn abgebrochen – an einem Stück

Toast. Mein Gott, wie ich das Bücken und die Stufen hasse. Der Himmel über mir hängt in zerfetzten Spinnweben, in blutigen Lumpen. Ich bin dankbar, es ist eine große Erleichterung. Ich fühl mich okay, ich fühl mich gut. Gut. Vorläufig auf jeden Fall kann ich an mir keine Anzeichen erkennen, daß ich mit *Zeit* niederkomme.

Jackajack, du schaffst es

Der kleine Welpe sprang und purzelte über die brachliegenden Felder. Da ist er. Springt. Purzelt. Wie fast alle entzückenden kleinen Welpen hatte auch dieser kleine Welpe große, flehende, braune Augen, schlappe, halbaufgerichtete Ohren und schlaffe Fleischfalten am Nakkenansatz. Sein Fell war von feinem Grau (wie Silber im Schatten) mit einem dreieckigen weißen Fleck auf seiner Brust, als trüge er ein Hemd, und an jeder Pfote weiße Haarbüschel wie Socken oder Schuhe oder kleine Gamaschen! Er sah ein wenig plump aus, dieser kleine Welpe, das muß man sagen – aber liebenswert plump. Fett wie ein Welpe, nicht hundefett. Tag für Tag war er gelaufen und gelaufen. Woher kam der kleine Welpe? Wohin wollte der kleine Welpe, und wieso war er so zielstrebig? Seinen Schwanz stolz erhoben, seine Vorderpfoten lustig hochgeworfen, seine – pardauz! Wieder liegt er auf der Nase. Schon ist er auf, unverzagt, und springt und purzelt großen Entdeckungen und wunderbaren Verwandlungen entgegen. Natürlich hatte der kleine Welpe keine Ahnung, woher er kam und wohin er wollte. Aber er würde dort ankommen.

Wahrscheinlich spürte oder roch der kleine Welpe das Dorf, bevor er es sah – die Herdfeuer, die krummen Gassen, den Menschen-Ort. Um ehrlich zu sein, auf seine Augen war kein besonderer Verlaß, was er sah, war von Ängsten und Wünschen leidenschaftlich verzerrt, erschien ihm flappig und zerzaust. Aber er sah etwas Neues dort draußen, eine große Offenbarung war der Form und Struktur, der Klarheit, der Welt des Zufalls, durch die er sprang, aufgedrückt oder eingemeißelt. Der kleine Welpe stolperte, purzelte kopfüber, dann rappelte er sich wieder auf. Er wußte sogleich, daß er den Ort seines Herzens gefunden hatte – seine Bestimmung. Unten im runden Tal entdeckte er Gestalten, die sich bewegten und Ringe in Ringen und, in ihrem Innern, eine flammende Parabel: ein Schwanenhals, eine Sichel, ein Fragezeichen aus Feuer!

Der kleine Welpe stand da und schnappte besorgt mit seiner Schnauze. Sein Kopf reckte sich vor, drängte den kleinen Welpen weiter, aber seine Pfoten rieben nur aneinander und tanzten. Er begann, mit dem Schwanz zu wedeln, erst zögernd, dann mit solch sorgloser Kraft, daß er sich fast einen Muskel in seinem plumpen kleinen Hintern verzerrte. Weiter sprang er, näher, näher, hinunter durch die dämmerigen Schatten, beinahe wie im Flug, sein junges Blut entflammt – bis er eine Gruppe Menschen sah, die gleichmütig durch ein Tor in den niedrigen Palisaden gingen. Jetzt drehte der kleine Welpe erst richtig auf. Er warf sich ihnen entgegen, sprang in die Luft, drehte sich um sich selbst, landete auf dem Rücken rutschend vor ihren Füßen – die vier Pfoten schlaff erhoben, mit bebendem Schwanz und in instinktiver Hingabe und voll Vertrauen bot er seinen weichen Bauch dar.

Und nichts geschah... In einer Pfütze aus Verblüffung und Schmerz erwachte der Welpe. Er hatte nicht geschlafen oder sonstwas, aber so war das Leben für den kleinen Welpen, hier unten war alles viel leidenschaftlicher, so drängend, so plötzlich. Die Menschen standen einfach da, sechs oder sieben, in stoischem Halbkreis, auf einigen Gesichtern Angst, auf anderen Abscheu, keines war freundlich. Traurig raffte sich der kleine Welpe schließlich auf, sah sie mit bettelnden Augen an, und seine zuckenden Kiefer formten eine Frage. Seine Frage war eure Frage. Warum sollten sie sich derartig zu einem Welpen verhalten, dessen verdutztes Herz voll verletzter Liebe war, einem Welpen zum Toben und Kosen? Und die Menschen hatten darauf keine Antwort. Auch sie (so meinte der Welpe zu spüren) waren verwirrt und voller Schmerz. Mit dem Wunsch, sie zu trösten, und in der Hoffnung, es hätte nur irgendein Mißverständnis gegeben, kroch der kleine Welpe in zuckendem Flehen wieder auf sie zu. Aber die Menschen wandten sich bereits ab. Die Männer brummelten und zischelten. Eine Frau schrie, eine andere spuckte – spuckte den kleinen Welpen an. Blinzelnd beobachtete er, wie sie durch das Tor gingen. Es war seltsam. Der kleine Welpe wußte nicht viel, aber dies wußte er: daß die Menschen nicht unfreundlich waren. Nein, waren sie nicht. Unfreundlich waren sie nicht.

Und so, Abstand haltend, nach Eßbarem stöbernd (nach Abfällen, Wurzeln, einer besonderen Sorte Blumen, einigen berauschenden, jedoch bedauernswerten Substanzen, die seine Nase mochte, aber seine Zunge verabscheute) und mit zahlreichen Seufzern der Erschöpfung tappte der kleine Welpe um den Ort der Menschen herum, bis der Tag zu Ende ging. Als er zwischen den Felsen und in den Höhlen nach den auf der Zunge kitzelnden Ameisen und dem feenleichten Toast der Schmetterlinge suchte, warf er immer wieder einen raschen, hoffenden Blick zur ringförmigen Siedlung – auch nichts anderes als ein Termitenhaufen voller unberechenbarer, doch bedeutsamer Bewegungen. Sein Hunger legte sich, versöhnt; der Welpe wartete auf dem Hügel, beobachtete, seufzte. Trotz seines Elends hegte er eine starke Vorahnung von großen Dingen, von wunderbaren Enthüllungen – ein Gefühl, das durchaus trügerisch sein konnte, da der Welpe es immer empfand. Später am Tag sah er einen feuchten und dampfenden Haufen, dessen sehr interessante Gerüche er eifrig untersuchte. Sekunden danach kam er, hilflos auf seiner Seite liegend, wieder zu sich; ihm war speiübel. Der kleine Welpe hielt sich von diesem Haufen fern und auch von allen anderen mit gleichem Geruch, einem Geruch, der für ihn Gefahr bedeutete. Als die Nacht in Schwaden über die beunruhigte Landschaft fiel, hörte er von der anderen Seite des Tals das matte Knurren einer Bestie, unermüdlich, blutrot, ein Geräusch, das sich in seinem Kopf mit der Gefahr des besonderen Geruchs verband. Alles, was der kleine Welpe vom Dorf noch sehen oder hören konnte, war das schreckliche Feuer, die lange, flammende Bogenlinie im Herzen des Menschen-Ortes.

Es war Liebe, zweifellos Liebe – und mit den klassischen Symptomen. Jeden Morgen ging das kleine Mädchen mit ihrem Korb über die Berge und in die Ferne, um Blumen zu pflücken und in dem wie mit Lack überzogenen Teich zu schwimmen. Ihr Wanderschritt brachte sie hierher, pünktlich (wenn sie kam, hatte der Tag immer *exakt* die gleiche Farbe), barfuß, in ihrem weißen Kleid. Selbst die Blumen gerieten alle in Verzückung, wenn sie kam, und spitzten ihr die Lippen entgegen. Sie wollten gepflückt werden. Pflück *mich*. Die Blumen, die phantastischen Blumen – sieh nur, wie sie miteinander turteln und schmusen im dunstigen Licht! Stellt euch auch den kleinen Welpen vor, wie er aus dem Schatten des ach so verschwiegenen Baumes hervoräugt, seine Schnauze auf seinen Pfoten, sein Schwanz träge wedelnd, die braunen Augen ganz verklebt. Da hebt er seinen Kopf (den Nacken plötzlich aufrecht und erstaunt), denn das junge Mädchen schlüpfte aus ihrem Kleid, ging nackt und auf Zehenspitzen zum flachen Teich – und sang, während sie ihre Brüste badete! Der kleine Welpe seufzte. Er liebte sie aus seiner Entfernung, eine spontane und wortlose Liebe, voller Verlangen. Er würde die Farben und den Schmerz des Lebens – und all seine großen Ahnungen – gegen eine einzige Liebkosung ihrer Hand tauschen, gegen ein Tätscheln, einen Klaps. Es war eine Liebe, die er niemals zeigen würde. Die Menschen mochten ihn nicht: das wußte er mittlerweile. Auf den Feldern über dem Tal hatte er sich bestimmt einigen Dutzenden von ihnen genähert, einzelnen und Gruppen, auf verschiedene Weise, in verschiedener Haltung (kriechend, schlendernd, rutschend), jedesmal hatte man ihn höhnisch verspottet, und wegen seiner Schmerzen hatte man auf ihn gezeigt – und es *waren* Schmerzen, und es gab jetzt so viele von ihnen. Während jede Faser im Körper des kleinen Welpen danach drängte, sich dem jungen Mädchen und ihren Blumen anzuschließen, sich ihr zu offenbaren, herumzutollen, zu stolzieren, zu kuscheln und zu kosen, blieb er in seinem Schatten und liebte aus seiner Entfernung. Auf jeden Fall war es Liebe. Und darüber war sich der kleine Welpe im klaren: mit etwas Geringerem als Liebe würde er sich nie zufriedengeben.

Verklärt stieg sie aus dem umschmeichelnden Wasser und kniete am Ufer, um ihren Körper von der Sonne wärmen zu lassen. Sich einen oder zwei Zentimeter, einen Fuß, eine Elle vorwärts schiebend, hielt der Welpe seine Wacht, seufzte, zuckte, schlug mit den Zähnen in verträumtem Fieber. Denn inzwischen war er zu einem ziemlich kranken kleinen Welpen geworden – verhärmt und voller blauer Flecke, der nach der besonderen Zärtlichkeit lechzte, die jeder kleine Welpe braucht. Und an diesem Morgen lag er da, von Angst und Erleichterung zugleich traumatisiert. Schreckliche Ereignisse hatten ihn gezwungen, am Vortag das heimliche Treffen ausfallen zu lassen, und der kleine Welpe glaubte, in seiner halbwachen Welt von Ursache und Wirkung, falls er am nervösen Bach nicht auftauchen würde, dann, ja, dann würde die Geliebte auch nicht wiederkommen, würde niemals wiederkommen, wäre auf immer verschwunden. Daher sein Schock der Erleichterung, als er, von Trost gleichsam geschüttelt, aus seinem ach so heimlichen Schatten spähte und sie dort wieder sah.

Es geschah in der Nacht vor der gestrigen Nacht. Es geschah auf folgende Weise. Der kleine Welpe schlief tief an seinem üblichen Platz (eine geschützte Höhle am Fuße eines krummen Baumes) und in seiner üblichen Haltung (eine Haltung völliger Hingabe), als ihn plötzlich ein Schwall von Gerüchen und Geräuschen in die Höhe fahren ließ. Stirnrunzelnd bemerkte der Welpe ein eigenartiges Treiben im Gewebe der Erde und spürte leises Splittern und Krachen, das näher und näher kam. Der Geruch, noch schwach durch die Entfernung, weckte das lebhafte Interesse des Welpen, aber er reizte auch die Drüsen für Gefahr. Dort draußen, in der unbeständigen Nacht, zögerte der kleine Welpe. Zu schwach und zu verwirrt, um es in schnellem Lauf zu erreichen, starrte er auf das Erdloch, in dem er noch vor kurzem mit Schnüffeln und Kratzen und dem Üben eines mächtigen neuen Bellens eine angenehme Stunde verbracht hatte. Dann schlugen die Geräusche über ihm zusammen: lauter, böser, heiß und giftig von grenzenlosem Hunger. Und immer noch zögerte der kleine Welpe, hielt in seiner Trance den Kopf leicht geneigt, der Schwanz zuckte in instinktiver Hoffnung – auf Spiel. Aber jetzt ergoß sich ein Schwall von Gas und Blut über sein Fell: wimmernd glitt der kleine Welpe zur Erdhöhle und zwängte sich in die stickige Feuchte. Das heißt, er versuchte es. Die beiden Vorderpfoten griffen ins Leere, doch sein plumper kleiner Hintern blieb noch ungeschützt, seine Hinterläufe zappelten und fanden keinen Halt. Jetzt konnte er sogar die Fackel des Atems spüren, den brühendheißen Geifer, der über seinem Hinterteil spielte. Und was der Schrecken nicht erreichte – der Horror schaffte es. Der Horror meißelte ihn mit hörbarem Plop in die Erde, und keuchend lag er da und weinte, bis die infame Wut verraucht war, sich auf der Erde über seinem Kopf ausgetobt hatte... Für mehr als sechsunddreißig Stunden erschien der kleine Welpe nicht wieder an der Oberfläche, so mitgenommen war er, und auch dann war es nur die Verzweiflung des Ausgehungerten, die ihn zurück ans Tageslicht trieb. Es war nicht leicht, in das Erdloch hineinzukommen, aber es war leicht, herauszukommen. Denn es schien, als würde mit der Zeit der kleine Welpe immer kleiner.

Und so seufzte er und schaute und schaute und seufzte. Die Blumen hatten all ihre Benommenheit verloren und spannten sich und streckten sich, um vom jungen Mädchen berührt zu werden. Oh, wie sie sich danach sehnten, gepflückt zu werden. Nackt und licht bewegte sie sich zwischen ihnen, beugte sich, um einen Stengel von der Erde zu befreien, richtete sich dann auf, um die Blüten in ihr reiches, schwarzes Haar zu stecken. Geliebt vom kleinen Welpen (stumm und stolz – wie viele Leben würde er nicht unbelohnt, unbeachtet, glücklich in dieser Halb-Liebe, diesem Halb-Leben verbringen?), sang das junge Mädchen, schwamm das junge Mädchen, lag das junge Mädchen auf seinem

Kleid, ließ sich trocknen und träumte vom Wachsen, von Veränderung, von geheimnisvollen Verwandlungen. Summend und murmelnd suchte sie nach einer anderen sonnenbeschienenen Stellung, um zu dösen, öffnete ihre Augen – und was sah sie? Wie denn, ein kleiner Welpe, ein sehr zaghafter kleiner Welpe, der sich vorsichtig durch die Blumen schob, den Schwanz ängstlich einrollte und mit seiner heißen Nase über das Gras bürstete. Der kleine Welpe hatte überhaupt nicht die Absicht gehabt, sich derart dem kleinen Mädchen zu nähern. Aber dann sah der kleine Welpe, daß er begann, genau dies zu tun, und tat es – so sind kleine Welpen nun mal. Das kleine Mädchen setzte sich auf, und ohne auch nur etwas von seiner Aufmerksamkeit zu verschwenden, schaute sie ihn streng an, eine Hand vor ihrem Mund. Der kleine Welpe, der die Schwere seines Fehlers spürte, wollte sich fortschleichen, unglückselig, bis ans Ende der Welt, um niemals zurückzukehren – aber da lachte sie und sagte:

«Hallo. Wen haben wir denn da? Komm her. Komm her. Es ist alles in Ordnung. Ooch, was für ein lustiges kleines Geschöpf du bist... Ich würde dich mit nach Hause nehmen, aber sie würden dich nicht mögen. Der Hund, weißt du. Keithette würde dich nicht mögen. Tom wahrscheinlich auch nicht. Ich heiße Andromeda. Und *ich* mag dich. Ja, ich mag dich wirklich.»

Das war natürlich reines Chinesisch für den kleinen Welpen – aber was machte das schon? Ihre Stimme, ihr kindlicher Ton und ihre Musik, war nur eine weitere unermeßliche Beigabe zur Laube der Glückseligkeit, die ihn umgab. Nicht in seinen Träumen, in seinen wedelnden, winselnden Träumen... Man würde wohl etwas zu weit gehen, sagte man kleinen Welpen Phantasien nach, aber sie haben Gefühle, das ist eine Tatsache, sogar mächtige – da drinnen, wo alles zerrt und reißt, als wäre es Hunger. Zwischen den neidischen Blumen auf dem Rücken liegend, ihre Hand auf seinem Bäuchlein (von einer achtsamen Pfote vorsichtig kontrolliert), den Schwanz im Einklang mit dem langsamen Herzschlag, erstickte und ertrank der kleine Welpe in seinem kleinen Meer der Freude. Ach, dieser durchdringende Friede. Alles war vom Himmel überzogen – Welpenhimmel. Viele Stunden lang rollten und herzten und drückten und hätschelten sie sich, bis die Farbe des Tages sich zu ändern begann.

«O nein», rief das Mädchen.

In lebhaftem Schrecken rannte sie davon. Obwohl sie ihm befahl zurückzubleiben, folgte ihr der kleine Welpe so unauffällig wie möglich, und sobald sie sich umdrehte, um ihn zurückzuscheuchen, vermied er ihren Blick (als würde er glauben, daß sie ihn nicht sehen könnte, wenn er sie nicht sehen könnte). Aber Andromeda unterbrach ihre Flucht und hielt stand, um ihn zu warnen.

«Bleib. Nimm dich in acht vor dem Hund. Komm morgen. Versprich es. Bleib, aber bitte, geh nicht fort. Bleib! O *bleib.*»

Zutiefst verwirrt und mit unsicher schlagendem Schwanz beobachtete der kleine Welpe, wie sie davonrannte, ins Tal hinunter und auf den klaffenden Krater zu, in dem schon die Feuer schwarzadrig schwärten und begannen, die Luft der Dämmerung zu verbrauchen.

In der nächsten Welle, dem nächsten Zeitabschnitt, glich das Leben des kleinen Welpen, der es schaffte, einem wunderbaren und fürchterlichen Traum; die beiden Zustände – Panik und Verzückung – waren so dicht zusammengeschmiedet wie die beiden Schneiden eines Messers; manchmal glaubte er, sein Herz würde brechen und mit der unglaublichen Unsicherheit der Geschehen verströmen. Aber da er ein Welpe war, verbrachte er viel Zeit unter den unveränderten Bedingungen, in den Extremen. Wenn Andromeda über ihm aufragte, ihr sonnenwarmes Haar von einem Netz zauberhafter Blumen überzogen, wenn sie seine Rippen auf beiden Seiten kitzelte und seinen heißen Bauch küßte, glaubt ihr nicht, der kleine Welpe war vor Freude wie vom Schlag gerührt? Das Leben war ein einziges Vorspiel, ein wunderbares Vorspiel. Der kleine Welpe erfand noch weitere Spiele: das Spiel, in dem er sehr schnell auf sie zu rannte und dann in letzter Sekunde auswich; das Spiel, in dem er um sie herum in immer gleichen Kreisen lief, wo immer sie hinging; das Spiel, in dem er ganz träge fortlief und dann aus ihrer Reichweite sprang, sobald sie sich näherte und so weiter. Eigenartigerweise spielte Andromeda nur zögernd mit – vielleicht weil der kleine Welpe schon so schwach und kränklich war und so leicht müde wurde. Aber er hörte nicht auf. Sein Tollen glich einem Delirium. Manchmal, bei einigen der waghalsigeren Manöver, stürzte er auch schwer. Eines Nachmittags, nachdem er sie stundenlang dazu aufgefordert hatte, konnte er Andromeda endlich überreden, das Stockspiel zu spielen – sie warf einen Stock, und der kleine Welpe rannte hinterher –, um ihn ihr zurückzubringen oder auch nicht, ganz wie es seiner welpigen Laune gefiel. Einmal warf sie zufällig den Stock in den Teich, und der kleine

Welpe warf sich hinterher. Er schien für eine Weile in Schwierigkeiten geraten zu sein, jedenfalls hatte er einen ziemlichen Hustenanfall, nachdem Andromeda ihn wieder ans Ufer gefischt hatte. Als er an ihrer Seite lag und sich erholte, bemerkte sie, daß sein Schwanz und seine Hinterläufe böse verbrüht und entzündet waren. Mit besorgtem Stirnrunzeln sah sie auf ihn hinab. Der kleine Welpe blinzelte sie dankbar an. Durch die Speichen seiner nassen Augenlider und in all dem fotosphärischen Glanz über und hinter ihr sah sie, nun – sah sie für ihn wie ein gestrenger und furchterregender Engel aus, ein göttliches Wesen, eine Macht, eine Herrschaft, ein Thron, mit prismatischen Juwelen bedeckt, die wie auf Sonnenstrahlen hinabglitten. Natürlich müssen wir uns daran erinnern, daß der kleine Welpe schlechte Augen hat... oh, der *arme* kleine Welpe.

Denn die Nächte waren so anders, so viel länger als die Tage (wenigstens dreimal so lang) und so voller Angst. Wenn er sich in seinem Erdloch krümmte, während das große Tier, älter und grauenhaft, gierig an der schmalen Öffnung riß, hatte der kleine Welpe keinen Gedanken für den Tag übrig – den fernen, den höhnischen Tag. Er verstand nicht. Wie hatte er solche Wut in einem Wesen entfesseln können, das es, so fühlte er, nach Liebe, um Schutz und um Spiel gefragt haben könnte? Er verstand nicht. Aber er verstand eines: er machte einen bestimmten, sogar einen feinen Unterschied. Der kleine Welpe verstand den Unterschied zwischen Schrecken und Horror. Schrecken, das war, wenn das Mädchen gegangen war und die Nacht hereinbrach, die die Farben von der Welt wischte. Horror war, wenn die Bestie tatsächlich *da* war, wenn ihr Atem an der Öffnung seines Erdlochs flammte, der Geifer den Hintern des kleinen Welpen versengte.

«So kann es nicht weitergehen», sagte Andromeda eines Morgens, als sie den kleinen Welpen niesend und dösend und zitternd am nervösen Bach fand. Er konnte das Futter nicht fressen, das sie hinausgeschmuggelt hatte. Instinktiv richtete er sich auf, um zu balgen, aber seine Beine gaben nach, und mit einem ergebenen Seufzer rollte er ins Gras zurück. Normalerweise, wenn Andromeda den kleinen Welpen ansah, dachte sie: Leben! Hier ist *Leben*. Aber jetzt wurde ihr klar (eine lang hinausgeschobene Erkenntnis, bei der ihr ganzer Körper sich vor Übelkeit krümmte), daß der kleine Welpe vielleicht im Sterben lag. Es könnte sein, daß der kleine Welpe es nicht schaffte. Ihr versteht, Angst hatte ihn völlig erschöpft – Angst und heftige Welpeneinsamkeit und das Bedürfnis, dabei zu sein, das Bedürfnis, ...*innen* zu sein.

Andromeda schluckte und sagte: «Es ist mir egal. Ich nehme dich mit nach Hause. Jetzt ist es mir egal.»

Und so, ganz, ganz vorsichtig, bettete Andromeda den kleinen, weichgelenkigen Welpen auf den Grund ihres Korbes und bedeckte seine schwach protestierende Gestalt mit Blumen und weißen Trauben und einem rosa Taschentuch. Der kleine Welpe begriff das neue Spiel nur langsam und wand sich und sträubte sich immer wieder, schien zu grinsen und spielte dann den toten Hund. «Sscht», wiederholte Andromeda, aber er winselte weiter und strampelte um sich, bis er sich schließlich wieder hochgearbeitet hatte. Die Reise durch die Luft schien ihn zu besänftigen. Eine Meile vor dem Dorf, am Rande des umfassenden Hügels, setzte Andromeda den Korb heftig zu Boden, hob das Taschentuch und hielt dem kleinen Welpen eine hitzige Predigt, in der sie reichlich den erhobenen Zeigefinger spielen ließ, mit dem Fuß aufstampfte und bedeutungsschwer die Stirn runzelte. Aber der kleine Welpe war zu diesem Zeitpunkt schon so aus der Fassung gebracht und so verwirrt, daß er in ehrlicher Gleichgültigkeit zu Andromeda hinaufstarrte – und ihr sogar ins Gesicht gähnte. Weiter gingen sie, hinunter ins ringförmige Dorf. «Guten Tag, guten Tag», riefen die Stimmen, und Andromeda sang Lieder, so laut sie konnte – falls der kleine Welpe unvorsichtigerweise auf die Idee kommen sollte, zu jaulen oder zu kläffen. Aber der kleine Welpe war sehr brav und gab keinen Laut von sich. (Um ehrlich zu sein, er war fest eingeschlafen.) Als sie die Hütte erreichten, stellte sich Andromeda auf Zehenspitzen und spähte hinein. Keithette war gerade nicht da. Und Tom auch nicht. Also brachte Andromeda den kleinen Welpen direkt in ihren kleinen Raum.

Nun, Andromeda mußte einige Erklärungen liefern (und besser war, sie fand gute Erklärungen!). Und wenn wir schon dabei sind, müssen wir das wohl auch.

Der Hund ernährte sich, wie die Dinge nun einmal lagen, vom Dorf – und der Hund war, wenn schon nicht der schlimmste aller möglichen Hunde, dann auf jeden Fall der bis dahin schlimmste Hund. Die Gen-Polizisten und die Wächter, die früher für die Trennung der Arten gesorgt hatten, hielten die Welt der Lebewesen nicht mehr fest unter Kontrolle. In den weniger gemäßigten Zonen als dort, wo unsere Geschichte spielt, gab es Wesen, die humpelten und flatterten in seltsamen Felsspalten zwischen den alten Königreichen, halb Fauna, halb Flora;

halb Insekt, halb Reptil; halb Vogel und halb Fisch. Statt natürliche Selektion gab es eine Art umgekehrter Diskriminierung – oder Tokenismus. Für jeden dämlichen Gimpel von amphibischem Papagei, für jeden elendigen dreiflügeligen Wiesel war die Chance, zu überleben und erfolgreich zu sein, so groß wie für die gerissenste, raffinierteste, zielstrebigste dreckfressende kleine Ratte und für das unüberwindlich gepanzerte Raubtier. Außerdem waren viele Menschen, gelinde gesagt, entsetzt darüber, daß sie sich den evolutionären Leuchtpfad rückwärts gewandt hinabbewegten – oder – schlimmer noch – seitwärts, in die unerforschten Erniedrigungen von Spinnweben und Kehlhautsäcken, von Hufen und Schnäbeln. Die Menschen, von denen es nur noch wenige gab, fand man kaum in der Nähe der Wüsten, von denen es viele gab. In den Wüsten gediehen die niederen Formen ungestört in ihrem Chaos: man konnte sich kaum umdrehen, ohne irgendeine vielfüßige Hyäne oder einen der Doppelsuperwürmer zu sehen, wie sie sich über den gefleckten Sand auf einen zuschlängelten. Das Dorf lag im Norden, nicht weit von den Glasländern aus Eis. In diesen auserwählten Breitengraden war, nach Jahrzehnten feindseligen Schweigens, der Planet Erde wieder eine gastfreundliche, sogar eine gefragte Adresse. Bei so vielen Nahrungsmitteln – so vielem Raum und so viel Wetter – hatte die Natur nur wenig zu selektieren. Bis der Hund kam.

Vielleicht war der Hund der natürliche Selektor. Der Hund war acht Fuß lang und vier Fuß hoch, sehr klobig gebaut, der rollende, schnappende Kopf nur lose mit wulstigen Schultern verbunden. Anstelle eines Schwanzes war ihm ein weiteres Bein mutiert – nacktes Schienbein, Sehne und Klaue – ziemlich überflüssig und keineswegs ein Schmuckstück. Seine Augen waren skorbutgelb, sein Geifer ein schrilles Karmesinrot, giftig, sogar säurehaltig, menschliche Knochen lösten sich gänzlich in ihm auf. Der Hund war der Nutznießer eines neuen symbiotischen Arrangements, bei dem er den gesunden Wirtskörper für mehrere schwere, aber mittlerweile wirkungslose Krankheiten abgab, seine zahlreichen Parasiten hatten sich (in diesem Fall) mehr vorgenommen, als sie verkraften konnten. Einst fraß der Hund – wie ein Hai – so ziemlich alles, was er bei sich behalten konnte. Doch seit einiger Zeit war er ein reiner Menschenfresser von nahezu andächtiger Inbrunst. Seine Diät stand ihm übel an. Niemals hat es einen besseren Beweis dafür gegeben, daß man keine Menschen essen sollte. Der persönlich wichtigste Erfolg für den Hund war sein dickes Fell, ein Flick-

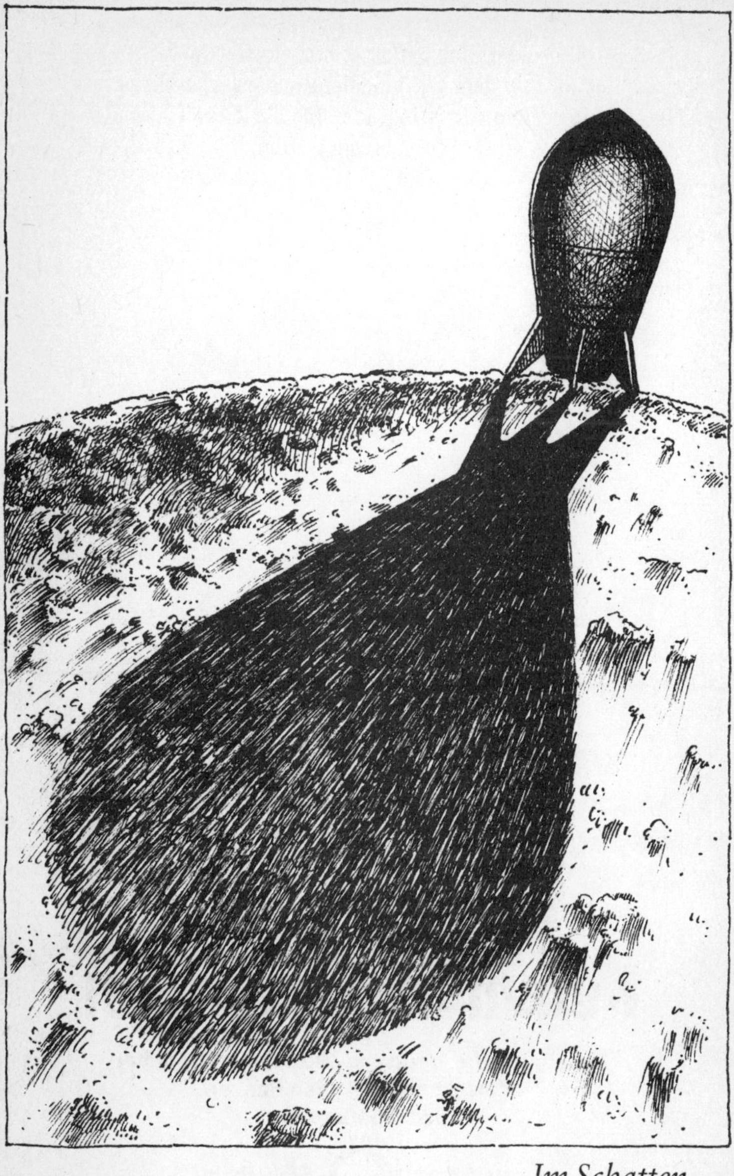

Im Schatten …

...der schrecklichen Vernichtungswaffen, die um uns aufgestellt sind, zu träumen ist ebenso tödlich wie die Verharmlosung dieser Gefahren. Doch das Leben, von dem wir alle nicht wissen, was es für uns bereit hält, muß weitergehen. Es zwingt uns, für die Zukunft zu planen und für uns und unsere Kinder Vorsorge zu treffen.

werk, von Schimmelpilzen übersät und trotzdem synthetisch aussehend, zu glänzend, so als wäre es aus Kunstseide oder Lurex. Er war der erste Hund, der sich in den nördlichen Breiten durchschlug, der dort sein Leben fristete. Das Dorf war sein Fressen. Er schien so ungefähr einen Menschen pro Woche zu brauchen. Er war nicht sonderlich gierig, und Menschen, fand er, hielten eine Weile vor.

Im Dorf wußte keiner, was man gegen den Hund unternehmen sollte. Sie hatten wohl ihre eigene, schamhafte Strategie, aber die war nicht besonders erfolgreich. Als Müßiggänger in einer verjüngten Welt hatten sie die noblen Künste des Überlebens und der Überlegenheit, erst recht die des Kämpfens und Tötens, schon längst verlernt. Keiner wußte mehr, wie man die Hölle heraufbeschwor. Sie melkten das fette Leben aus dem Land: einige der Pflanzen waren beinahe so nahrhaft und so blutig wie Fleisch; ja, einige Pflanzen bluteten richtiggehend. Sie benutzten nur wenige Werkzeuge und keine Waffen. Sie hofften, sie könnten sogar dem Feuer bald entsagen. So war die Welt in dieser Zeit.

Dem kleinen Welpen ging es in den folgenden Tagen so schlecht, daß Andromeda ihn auf seinem Lager in ihrem Kleiderschrank halten konnte, ohne daß große Gefahr bestand, entdeckt zu werden. Manchmal, in ahnungsvollem Trancezustand, war sie beinahe soweit, sich mit dem Verlust ihres neuen Freundes abzufinden. «Bleib», flüsterte sie dann mit dringlicher Stimme in sein Ohr. «Verlaß mich nicht. Bleib, oh, bitte *bleib.*» In der Nacht brachte Andromeda dem kleinen Welpen ausgewähltes saftiges Gemüse und ermunterte ihn zu essen. Er schien dankbar für das Mitgefühl, für den Trost, aber wand sich vom Fressen ab und seufzte seinen Seufzer langen Leidens. Dann, am dritten Tag... aß Andromeda bedächtig ihr Frühstück mit Keithette und Tom, ihrer Mutter und ihrem ‹Vater›. In der Stille spielte die Sonne ein subatomares Ballspiel mit den launischen Staubpartikeln. Beide, Andromeda und Tom, beäugten Keithette etwas argwöhnisch. An diesem Morgen hatte keiner sorglos gesprochen, denn immer noch mußte Keithette ihren Launen-Tag auswählen und verkünden. Aus sieben konnte sie wählen (neuerdings, seitdem es den Hund gab, waren sie alle anders, alle Tage waren traurige Tage): Zofftag, Motztag, Trieftag, Miestag, Dorntag, Feuertag, Schandtag... Tom preßte Henna in eine Reibschale und sagte:

«Ich finde einen einzigen Pferdeschwanz sowieso besser.»

«Warum?» fragte Keithette erbarmungslos. Sie war eine rosige Frau mit breitem Gesicht, stockdünn und flachbrüstig (die Standardform für Frauen heutzutage), doch in solchen Momenten war ihr Mund so schmal wie ein Sprung im Glas. «Warum? Sag's mir bitte, Tom.»

Tom legte seinen Stößel zur Seite und machte mit beiden Händen eine Figur des Formens. «Vielleicht weil es – weil es die wesensartige Einheit deiner Natur zeigt.»

Das war ein bißchen viel für Keithette. «*Welche* Einheit?» fragte sie und verschränkte die Arme. «Nur weiter. *Welche* Einheit?»

Und jetzt war Tom ebenso ratlos. «Ich weiß es wirklich nicht», sagte er. «Aber ich bin mir sicher, daß die Schleife sehr gut zum Kleid paßt.»

Vielleicht war Keithette schon soweit, sich besänftigen zu lassen. Wir werden es nie erfahren. In diesem Moment, gerade als Andromeda lauernd den hölzernen Löffel zu ihren Lippen hob, hörten sie hinter der Küchentür ein deutliches Bellen... Die drei schreckten auf und erstarrten. Zeit verstrich, ohne daß etwas geschah, und möglicherweise wäre der Moment in ihrem Takt vorübergegangen, wäre nicht ein zweites Kläffen gefolgt, mutiger und fordernder als das erste. Andromeda war in höchster Alarmbereitschaft. Sie wollte etwas sagen, aber ein rascher, undurchdringlicher Blick ihrer Mutter hielt sie zurück. Dann kam das dritte Kläffen.

«Zofftag», sagte Keithette.

Aber jetzt stand sie auf, und mit der weiblichen Pflicht, sich dem Schlimmsten zu stellen, schien sie zu wachsen und Feuer zu fangen. Keithette schritt zur Durchgangstür, Andromeda und Tom wenige Schritte hinter ihr. Zornig und beherzt drehte sie sich um, bevor sie nach der Klinke griff. Wie ein Augenlid öffnete sich die Tür.

Und was sollten sie außer dem kleinen Welpen schon sehen, der, ziemlich erholt, den Bauch voll mit Bohnen, nur für einen Moment erschreckt war, nun schlitternd und schlingernd diesen und jenen Weg antäuschte und so gewaltig mit dem Schwanz wedelte, daß sein ganzes Hinterteil nur noch ein pelziger verwischter Fleck zu sein schien. Dann fiel er verzückt auf seinen Rücken, die Pfoten stolz gestreckt. Andromeda brach in Tränen aus und drängte sich vor, um neben dem kleinen Welpen niederzukauern.

«Was ist *das*?» fragte Keithette.

«Laß ihn in Ruhe», sagte Andromeda. «Er ist ein kleiner ‹Welpe›», erklärte sie, in ihren Augen zeigte sich eine neue Kraft. «Ein kleiner *Welpe.*»

Allerliebst blickte der kleine Welpe auf.

«*Mein* kleiner Welpe», sagte Andromeda.

«Warum gebe ich mich überhaupt mit ihr ab?» begann Keithette. «Antworte mir, Tom. Bitte, sag es mir. Von wem hat sie das? Von Anfang an hat sie mir nicht für einen Moment Frieden gegönnt. Warum kann sie nicht wie die anderen kleinen Mädchen sein. Warum? Warum? So ist's richtig. Ich werde dich zu den Kindern stecken. Oder zu den Abnormen! Wo hast du es gefunden? Jetzt hör mir mal zu, Andromeda. *Andromeda.* Ihr eigener Name war ihr nicht gut genug. Andromeda! Was machen wir jetzt damit? Eines kann ich dir sagen, meine junge Dame. *Hier* wird er nicht bleiben.»

Erst nach stundenlangem Flehen, nach vielem Schuldübernehmen und Fehlerfinden und harter Arbeit für Tom auf der Matte, in der Wanne und in der Falle, nach großem Getue mit heißen Badetüchern und kalten Kompressen, mit Rückenkratzern und Hautschwämmen – vom Haarebürsten, Nackenkitzeln und Brustküssen ganz zu schweigen – und den unermüdlichen und tränenreichen Bitten der kleinen Andromeda war Keithettes Herz schließlich doch gewonnen, und der kleine Welpe durfte bleiben; eine Anwesenheit, von der sich verstand, daß sie vorübergehend, nur bedingt und mit Einschränkungen galt. Selbstredend konnte diese Entscheidung durch ein einziges Schnippen von Keithettes kräftigen Fingern rückgängig gemacht werden. Aber gegen so einen kleinen Welpen wie diesen, mit seinem lächerlichen Stirnrunzeln und seinen flehenden Augen, was konnte man da schon ausrichten? Alles, was wirklich für den kleinen Welpen sprach, war sein allerliebstes Aussehen. Und er war allerliebst – ja, das *war* er. Nach den zahllosen Versprechungen und Abbußen, den Klauseln und Verträgen des langen Nachmittags, schien Keithette von der Streiterei selbst ganz erschöpft.

«Na gut», sagte sie. «Dieses Tier – es kann für eine Weile hier bleiben.»

«*Er*», sagte Andromeda.

«Wo ist er überhaupt?»

Wo war der kleine Welpe? Er hatte es sich natürlich vor Keithettes Füßen bequem gemacht und blinzelte dankbar zu ihr auf. Bei Anbruch der Nacht lag er gemütlich auf Keithettes Schoß. Nur für ein kurzes

Hätscheln mit Andromeda konnte er sich losreißen. Mit hart erkämpftem Behagen sah Tom von seiner Freizeitbank herüber. Er prüfte Keithette auf Anzeichen einer plötzlichen Launenschwingung oder eines Themawechsels. Vorläufig schien alles in Ordnung. Aber es war ein ziemlicher Zofftag gewesen.

Eingeölt, gestriegelt, sichtlich plump und tadellos stubenrein konnte man den kleinen Welpen seit einigen Tagen meistens auf seinem Lieblingsplatz finden: der Fensterbank in Andromedas kleinem Schlafzimmer. Durch den Nebel der Halbgardine beobachtete der kleine Welpe stundenlang – unsicher mit dem Schwanz wedelnd, dann in plötzlichem Erkennen oder allgemeinem Enthusiasmus schneller werdend –, wie die Menschen kamen und gingen. Denn die Menschen – die Menschen waren so schön! Die Frauen schritten umher, ihre Hände auf ihren Hüften, nickten sich zu und hielten gelegentlich an, um zu reden, die Arme verschränkt. Die Mädchen waren aristokratisch und unnahbar, mit kostbarem Selbstbewußtsein auf ovalen Wangen und kunstvollem Haar. Menschen gab es von allen Farben und Größen. Ja, auch die Alten, mit ihrem vorsichtigeren Gang (gemach, gemach) und der Art, wie Licht aus ihren menschlichen Augen zu strömen schien. Die kleinen Jungen waren ernst und wachsam, verschlossene Gesichter, auf der Hut. Warum spielen sie nicht so wie ich? fragte sich der kleine Welpe. Warum spielten sie nicht – warum sprangen und purzelten sie nicht wie eine Meute von Welpen?

Außer dem kleinen Welpen spielte niemand. Aber der kleine Welpe spielte oft. Die Springspiele, die Rollspiele, die Versteckspiele. Mit seinen endlosen Albereien und Possen brachte er beinahe seine junge Herrin gegen sich auf. An einem ruhigen Schandtag fand sie den kleinen Welpen, wie er neugierig und in heller Verzückung auf eine rote runde Kugel starrte, die (von Tom) am Fuß ihres Bettes angebracht worden war. Von seinem Bellen gestärkt, schaffte sie es, das Ding aus seiner Halterung zu lösen, und rollte es dem kleinen Welpen in den Weg. Ein Ball, ein roter Ball! Der kleine Welpe begann, den Ball im Zimmer rund herum zu jagen. Und immer wieder jagte er den Ball durch das Zimmer. Den Ball in seiner Schnauze haltend forderte er Andromeda auf, ihn freizuzerren und dann zu werfen. Er apportierte ihn dann und sprang um sie her, bis sie ihn noch einmal warf. Diese Hysterie des kleinen Welpen in solchen Augenblicken! Andromeda verstand das nicht. Aber offenbar brauchte der kleine Welpe das Spiel genauso dringend, wie er die Liebe und sein Fressen brauchte. Wenn sie ihm in der letzten Zeit Gemüse und Früchte brachte, steckte der kleine Welpe oft den ganzen Kopf in den Napf.

Einmal starrten einige Leute im Vorbeigehen herein und sahen den kleinen Welpen auf seinem Guckposten. Spielerisch kläffte er sie an, straffte sich und brachte sich selbst in Rage für eine Balgerei. Verblüfft und feindselig wichen die Menschen zurück. Eine kleine Menge versammelte sich, und kurze Zeit später, als der kleine Welpe sich schon unter dem Bett versteckt hatte, ertönte an der Hintertür ein hartnäckiges Klopfen. Es war ein schlurfender Haufen, der auf Keithette traf, die ihm mit einer furchtbaren Attacke den Mund verschloß. Danach wurde Andromeda ins Wohnzimmer gerufen, um drei Stunden lang mit Keithette und Tom zu diskutieren. Thema: Keithettes Einbildungen. Zu diesem Zeitpunkt jedoch hatte sich Andromeda bereits entschlossen, frontal zu reagieren.

Mit Toms Hilfe und Einverständnis machte sie für den kleinen Welpen ein kleines Halsband – und eine kleine Leine. Und dann ging sie mit ihm im Dorf spazieren. Zuerst wand und zerrte und erwürgte er sich halb, aber dann fiel der kleine Welpe in einen gehorsamen Trott; nur der Kopf blieb eifrig und gar nicht fügsam und untersuchte alle Formen und Farben, als wäre die ganze Welt sein Fressen. Es muß gesagt werden, daß das Experiment kein voller Erfolg war. Viele Menschen brachen in Hohngelächter oder in Tränen aus und schreckten zurück; selbst der kleine Welpe ließ, aus einer der Schleusen seiner Schädelhöhlen, ein Winseln hören, ein Winseln des Entsetzens angesichts des Unglücks, das er irgendwie zu präsentieren und zu verkörpern schien. Hartnäckig und stolz ging Andromeda weiter, der kleine Welpe nun geduckt an ihren Füßen. Bei ihrer Rückkehr – sie konnte noch immer die Schreihälse in ihrem Gefolge hören – wurde Andromeda von Keithette begrüßt, die jeden überraschte, selbst Andromeda, als sie ihre Tochter zustimmend anlächelte und demonstrativ über die schimmernden Falten am Nacken des kleinen Welpen wuschelte. Andromeda schmückte sein Halsband mit silbernen Glocken und nahm ihn auch am nächsten Tag wieder mit nach draußen. Sie war entschlossen. Der kleine Welpe aber, das muß man schon sagen, war reichlich eingeschüchtert.

«Ich habe einen Namen für dich», flüsterte Andromeda im Dunkeln. «Jackajack. Gefällt er dir?» Der kleine Welpe lag in Andromedas Bett. Er mochte ihn. Er mochte alles. «Wenn du kein Tier wärst», flüsterte sie, «würde ich dich John nennen und du wärest mein Freund.» Der kleine Welpe starrte zu ihr auf, seine Augen leuchteten in grenzenloser Bereitwilligkeit.

Warum lieben die Menschen Kinder? Warum lieben Kinder Babies? Warum lieben wir Tiere? Was lieben die Tiere so, wie wir etwas lieben? Alles, die ganze Welt, mehr noch, sogar die Sterne da oben – Sterne wie den Stern, den man Andromeda nennt, hell strahlend, geheftet an die versprengten Himmel.

Man konnte den Dorfbewohnern wirklich keinen Vorwurf machen. Sie lebten in einer sehr schlimmen Zeit, und für schlimme Zeiten waren sie nicht gerüstet. Während in lang vergangenen Tagen die Menschen ihrer Arbeit mit Tränen der Zufriedenheit in den Augen nachgingen, weinten sie nun die anderen Tränen. Und an was sollten sie sich halten? In den schlaffen Jahrzehnten hatten sie das alte ‹Auf-und-los-Geht's› verloren – das ‹Gewußt-Wie›, das ‹Können-wir-also-machen-Wir›. Nach und nach waren Raubgier und alles, was so dazugehört, aus ihren Gen-Zellen und Puls-Kodes verschwunden. In ein oder zwei Generationen, ein neues Geschick oder Unglück zur schnellen *und* aktiven Anpassung vorausgesetzt, hätten sie mit der Zeit vielleicht schon was zustande gebracht. Aber sie hatten keine Zeit.

Sie suchten nach einer Autorität, und was fanden sie? Die naturgegebenen Führer waren selbstverständlich die Frauen mit den lautesten Stimmen und den stärksten Persönlichkeiten; und wenn ihr denkt, Keithette sei schon fürchterlich genug, dann solltet ihr einmal Clivonne oder Kevinia erleben! Anfangs versuchten sie, den Hund fortzuhassen. Sie saßen herum und haßten ihn und haßten ihn, aber immer noch stapfte der Hund zur wöchentlichen Orgie ins Dorf. Sie versuchten, den Hund fortzuschreien, aber das klappte genausowenig. Sie versuchten, ihn zu ignorieren, aber ignoriert zu werden, machte einem Hund wie diesem nicht viel aus. Also gab es neue Beratungen. Sie hielten keine Versammlung ab: es war bloß eine Angelegenheit von ein paar Dutzend erschöpften und verschreckten Ehemännern – die Toms und Tims und Tams –, die mit Nachrichten von Hütte zu Hütte sprinteten. Nebenbei, keiner hatte darüber je entschieden. Es war keine Reaktion auf eine frühere Vergangenheit. Seht ihr, es gab keine *Erinnerung* an ein Früher. Die Welt war jetzt einfach so.

Und daher baten sie den Tod durch die Hintertür und ließen ihn sich gütlich tun an den Mißgeburten, den Schnabelmännern und Flügelfrauen, den pelzigen und gepanzerten und schlüpfrigen Wesen mit dem Ausdruck verblüffter Schande auf ihren Gesichtern. Unterschwellig war es ausgemachte Sache, daß sie an allem schuld waren. Ach, die armen Abnormen… Eines Feuertags nahm Andromeda den kleinen Welpen dorthin mit, wo die Mißgeburten sich herumtrieben; er wurde nachsichtig begrüßt, einer der alten Esel und Sonderlinge machte sogar viel Aufhebens um ihn, er tätschelte das Fell des Welpen mit weicher Flossenhand. Der kleine Welpe fühlte sich zu den Abnormen hingezogen, so, wie er sich zu jedem hingezogen fühlte. Sie waren defätistisch, lustlos und träge: fehlerhafte Überlebensmaschinen; sie wußten, sie waren nicht sonderlich haltbar. Sie wußten, daß sie wahrscheinlich nicht auserwählt würden, nicht kurz vor dem Ende, nicht in diesem Sinne. Und wie wenige es noch von ihnen gab. Bald, dachte Andromeda, werden die Abnormen verbraucht sein. Und dann? Es gab nur ein Ergebnis. Sie überlegte sich Möglichkeiten, wie sie eventuell das Leben des kleinen Welpen retten könnte, wenn es dazu kommen sollte.

Auf dem Nachhauseweg wurden sie zeitweilig von einer Gruppe Frauen verfolgt; sie sangen, stießen schrille Schreie gegen den kleinen Welpen aus, zogen unfreundliche Gesichter und schüchterten ihn ziemlich ein. «Komm schon, Jackajack», sagte Andromeda laut. «Achte gar nicht auf sie.» So schlich er geduckt neben ihr her, blickte beklommen über seine hängenden Schultern zurück. Aber Andromeda blickte nicht zurück. Sie ging geradheraus und ehrlich, füllte den ihr gegebenen Platz. Denn Andromeda genoß im Dorf ein zweifelhaftes Ansehen; sie hatte Seltenheitswert. Teilweise beruhte das auf solchen Dingen wie ihrer Weigerung, in den Kinderpool zu gehen und dort zu leben, oder der Tatsache, daß sie ihren eigenen Namen geändert hatte. Sie änderte ihn von Briana in Andromeda, wenn's recht ist. Aber eigentlich ging es nur um Schönheit: Schönheit. Keiner wußte mehr, wie Menschen auszusehen hatten, keiner konnte auch nur raten, welch menschliche Gestalt sie einst zierte. Die Frauen waren ruppig, rotbackig und direkt; die Männer schlampig, unauffällig, bedeutungslos. Und trotzdem, für Schönheit, für Kunst, für Ordnung und Plan hat jeder Zeit. Letztlich haben wir es alle mit der Schönheit. So instinktiv wie der Hund vor Vergnügen geiferte, wenn er irgendwo in seinen chaotischen Ausscheidungen auf menschliche Überreste stieß (wie ein Falke schnellte sein

Herz in die Höhe), so starrten die Menschen in das rundäugige Gesicht der kleinen Andromeda, auf ihre dunklen Klüfte und Verborgenheiten und waren stolz auf die den Menschen gegebene Gestalt.

«Schau her, Jackajack», sagte sie. Sie waren an den Rand des Kraters gelangt, zum Kern, zur tiefen Schüssel und ihrem großen Fragezeichen aus Feuer. Jetzt fraßen die Flammen die Luft, spuckten und kauten und rotzten die Kehle frei. Niemand unterhielt das Feuer; es brannte trotzdem, ohne Brennstoff – aber vielleicht durch Kernspaltung; vielleicht lagen die Töchter der Kernspaltung unter der Erdkruste gefangen. Obwohl das Dorf gottlos war, hielt man den Krater für einen fast heiligen Ort, und die Menschen fühlten seine verschlüsselten Botschaften, spürten seine Geheimnisse mit widerwilliger Ehrfurcht. Auf jeden Fall würde keiner aus bloßem Übermut da hinuntergehen. Jetzt diente er natürlich einer anderen Aufgabe. «Sieh her, Jackajack», flüsterte Andromeda. Unten, vor den Schattenlinien des Abgrunds, umringt von Feuer, banden einige Frauen einen alten Abnormen an den Pfahl, bereiteten ihn für den Zofftag. Der kleine Welpe bellte. Er mochte das Feuer nicht. Genau wie der Hund. Aber dem Hund war das Feuer nicht *so* wichtig. Er kam damit zurecht, wenn es sich nicht vermeiden ließ.

Gewichtig saß Keithette am runden Tisch, von Tom und Andromeda minuziös überwacht. Beide waren beim informellen, vormittaglangen Seminar, das Keithette einberufen hatte, dabei gewesen. Das Thema: Keithettes Sensibilität. Aber die eigentlich harte Arbeit des Nachmittags war an Tom allein hängengeblieben – ein lückenloses Regime von Kopfhaut-Massage, Haare-Flechten, Zwischen-den-Zehen-Rubbeln und stündlichem Geschlechtsverkehr. Es half nichts. Nichts half mehr. Denn heute nacht war die Nacht des Hundes. Und es schien, als sei nun jeder Tag ein Zofftag.

Genau wie Andromeda vorhergesagt hatte, trat das Unvermeidliche ein und der Vorrat an Abnormen war bald erschöpft. Sie waren sogar noch schneller verputzt als man gedacht hatte, denn selbst der Hund rümpfte bei einigen von ihnen die Nase. Sicher, er tötete sie mit einem Schlag seiner blutenden Klauen und riß und zerrte fürchterlich an den Leichen, aber er wollte sie nicht fressen. Er stand einfach da, blöde und unnachgiebig, Stunde um Stunde (er stand die ganze Zeit aufrecht, sogar während seiner fürchterlichen Nickerchen), bevor er sich vom Abnormen das beste Glied abriß und damit forttrottete – um in der nächsten Nacht zurückzukommen. Dann würde er in den erleuchteten Krater hinunterspähen und keine Opfergabe sehen. Nur das krachende Feuer, nicht lauter oder heller als das Feuer des Hungers in seinem Herzen.

«Da kommt er», sagte Keithette.

Ja, da kommt er. Man konnte sein schlabberiges Schnaufen und Jodeln hören, als er mit großen Sprüngen über die Felder setzte, näher, immer näher kam. Das ganze Dorf lauschte, lauschte im Dunkeln auf eine Welt von Geräuschen. Sein knarrender Gang, sein Grunzen, sein lautes Gurgeln in der Vorfreude säuischer Sättigung. Danach sein langes Schweigen am Rande des Kraters, sein frustriertes Heulen der Enttäuschung, schließlich sein Schrei rachsüchtiger Wut. Dann das Schnüffeln und Stöbern rund um die Hütten, das Sabbern und flokkende Geifern, das rhythmische Schlagen seines massigen Körpers gegen jede Schwäche, das splitternde Holz, die Schreie der Menschen, der schwere, arhythmische Galopp der Jagd, das rasende Reißen und Schlingen der Beute... Einmal, als der Hund prustend seinen Fang verzehrte, ließ der kleine Welpe (fest von Andromeda auf ihrem Schoß gehalten) ein durchdringendes Kläffen hören. Draußen folgte eine plötzliche Stille – wenige Minuten später von einem haßerfüllten und enorm gefräßigen Grollen gefolgt, nur Zentimeter von der Tür entfernt. Aber der erste Hunger des Hundes war gestillt (und es würde eine andere Nacht geben), und alles, was sie dann noch hörten, waren die üblichen Geräusche grummelnden Schleifens, als der Hund den halbverzehrten Fraß aus dem Dorf und in die Hügel schleppte.

«Er geht jetzt», sagte Keithette. Sie schloß ihre Augen, und mit ihrem Zeigefinger winkte sie nach Tom, der sich grimmig zu ihr begab. «Wann wird der Hund aufhören, hierher zu kommen? Wann? Wann? Warum weiß ich nicht, was ich tun soll? Warum? Warum? Morgen werde ich mit Royene sprechen und mit Clivonne. Vielleicht spreche ich sogar mit Kevinia. Ich weiß nicht warum, aber ich glaube, ich bin die letzte, die dran glauben muß. Nicht da», sagte sie zu Tom. «Da. Da.»

Wenn Räubereien drohen, tendieren Gemeinschaften egal welcher Ordnung dazu, enger zusammenzuhalten, und hierarchische Rollen werden wichtiger und sind härter umstritten. So jedenfalls lautet die Theorie. Diese bestimmte Gemeinschaft zum Beispiel hatte ihre genetische Kraft schon lange verloren. Wahrscheinlich wäre es für sie das beste gewesen, wenn sie das Dorf verlassen hätte und für eine Weile zu einem Nomadenstamm geworden wäre. Aber Ortsgebundenheit war leider so ungefähr das einzige stabile Element in der lokalen DNC-Transkription. Wie willst du fortlaufen können, wenn dies in deiner Vorstellung der einzige Ort ist?

Mit einer anständigen Mahlzeit und einem vernünftigen Kadaver zum Nagen und Knabbern würde der Hund sechs Tage lang fortbleiben. Dies schien, nach dem Chaos mit den Abnormen, eindeutig ein Gewinn, und tatsächlich war jeder insgeheim von der asketischen Genügsamkeit des Hundes beeindruckt, sich auf nur einen Menschen pro Woche zu beschränken. Da würde er mindestens ein paar Jahre brauchen, um mit ihnen allen fertig zu werden. Aber jener Schandtag brachte unangenehme Überraschungen.

Bei seinem letzten Raubzug war der Hund ins Lager der überzähligen Ehemänner eingedrungen und hatte sich sein Opfer unter den sechzehn Männern gesucht, die dort kauerten. Im folgenden Gemetzel erlitten drei der überzähligen Ehemänner Kratzwunden von den Fängen und Klauen des Hundes. Am Motztagnachmittag waren ihre Bäuche seltsam aufgeschwollen, und auf ihren Rücken und Hintern sproß drahtiges Haar. Alle drei starben während der Nacht in sprachlosem Horror. Am Miestag wurde berichtet, daß sich bei sieben der überzähligen Ehemänner, die nur das Fell des Hundes berührt hatten, Hautveränderungen von unglaublicher Bösartigkeit zeigten; auch sie wurden, Schaum vor dem Mund, von einem grauenhaften Räude- und Krätzeanfall dahingerafft. Bis Feuertag waren auch die übrigen fünf Männer – die nur den Atem des Hundes gerochen hatten – an toxischem Schock krepiert.

Die Frauen begannen natürlich, sich um den Kinderpool zu sorgen, der in keinem sonderlich stabilen Bau direkt hinter dem Lager für überzählige Ehemänner untergebracht war. Ich sage ‹natürlich›, aber man muß betonen, daß sich die Dinge in Sachen Austragen-und-Aufziehen merkbar beruhigt hatten, denn die entscheidenden Gene waren, wenn schon nicht selbstlos, dann in dieser Hinsicht zumindest nicht besonders ehrgeizig. Würden sie also alle sterben müssen, schnell, ohne Kampf? Nichts will sich entwickeln, aber jeder will überleben. Wir wollen einfach nicht gehen. Auch wenn das Leben miserabel und meistens beängstigend ist und es drängende Gründe gäbe, es aufzugeben – wir wollen nicht gehen. Wir wollen nicht gehen.

Wieder gab es Beratungen und wurden Botschaften gesandt und drehten besorgte Ehemänner ihre Runden. Am Mittag des Zofftages versammelte sich, wie im massenhaften Schlafwandeln, das ganze Dorf am Krater beim Schwanenhals des Feuers. Ja, Andromeda war da, mit dem kleinen Welpen, den sie instinktiv vor den Fratzen der Menge beschirmte. Sie alle wußten, was geschehen würde – wußten es in erschöpfter Scham, im Wissen darum, ein menschliches Geschick bei weitem zu verfehlen. Vor einem dicken Faß sitzend, präsidierten Royene und Clivonne die Versammlung. Einer nach dem anderen gingen die Dorfbewohner vorbei, und jeder ließ etwas von seiner persönlichen Habe in das Faß fallen – einen Schal, ein Werkzeug, ein Stirnband, einen Ohrring. Niemand war ausgenommen. Tom hielt den kleinen Welpen, als Andromeda an die Reihe kam... Zuletzt schritt Kevinia vor, sah sich um und rollte ihre Ärmel auf, ihr hartes Gesicht glänzte in der stillen Hitze. Genau in diesem Moment bellte der kleine Welpe – er bellte Kevinia an! Er knurrte sogar. Verächtlich und empört starrte Kevinia herüber, als Andromeda sich mühte, den kleinen Welpen zu bändigen und schließlich, mit Toms Hilfe, ihren sich sträubenden und um sich schnappenden Schützling bezwang. So griff also Kevinia mit der zusätzlichen Strahlenkraft flammenäugiger Rechtschaffenheit in das Faß, hielt ihn hoch und ließ ihn dann, mit einer Geste des Erklärens, des Offenbarens, auf die Erde fallen – den kleinen roten Ball.

Der Himmel sagte *Krieg*. ‹Krieg› verkündete der Himmel. Dort oben verschickten die Abendsterne Licht auf nukleare Art, ihr Brennstoffvorrat durch umfangreiche Gleichungen gestreckt, pulsar, quasar, Riese und Zwerg – auch Andromeda brannte in satten Implosionen, aufgeladen und wechselvoll, über das elektrische Firmament. Hier unten sahen die schweren Wolken so hart und klar geschnitten aus, als wären sie aus Granit, das Werk heftiger Abdämpfe aus Düsenantrieben, starker Wechselwirkungen...

Jetzt, die letzten Stunden, lag der kleine Welpe in den Armen seiner Herrin. All seine Sinne hatten eine Mission: einen Weg durch den Schleier ihrer Trauer zu finden und sie, wenn möglich, zu lindern. Seine leidenschaftliche Wachsamkeit hatte etwas Tierisches. Man kennt diese Welpen auf Spielplätzen oder am Meer, an einen Zaun gebunden, während die ganze Welt tollt und tanzt. Dies ist größtes Welpenleid; es brennt weit schlimmer als Hunger. Aber der kleine Welpe erlitt nun die andere Seite dieses Schmerzes, wand und quälte sich innerlich, um die Trauer nur aushalten und erleichtern zu können. «Danke schön, Jackajack», murmelte Andromeda, als sie sein heißes Drängen – die grenzenlose Bereitschaft – seiner Liebe spürte. In ihrem kleinen Zimmer hielt sich eine errötende Glut: im Sommer früh zu Bett, abgeschnitten, zurückgezogen. Andromeda war stolz genug, sich ihrem Schicksal wie eine Frau zu stellen. Aber sie wollte nicht gehen. Sie dachte an Entkommen, an Flucht (keiner hätte sie aufgehalten), nur sie und der kleine Welpe. Aber es war ein großer, wüster Planet und sehr einsam. Leere Weiten drängten sich um den Ort der Menschen. Andromeda war stolz genug. Aber sie wollte nicht gehen.

Bald hörten sie reumütiges Getuschel im Hof. Keithette saß am runden Tisch, versunken in ihrem eigenen Drama. Sie würde nicht, sie würde sich *niemals* verabschieden. Tom sah schüchtern auf (immer noch müde und schwach nach vierstündigem, ununterbrochenem Cunnilingus). «Ich gehe jetzt», sagte Andromeda, und sie dachte: was sind wir doch für seltsame Geschöpfe. «Ich gehe jetzt. Auf Wiedersehen, Jackajack», sagte sie. «Bleib... bleib.»

Der Hund kam. Man konnte schon sein zerrissenes Pfeifgetön ahnen, wie es sich über die Hügel ergoß. Von ihren zwei Ehemännern flankiert, führte die stämmige Kevinia Andromeda an den Lippenrand der großen Höhlung, den langen gewundenen Pfad hinunter, dort hinab, wo das Feuer sein staubiges Mahl verzehrte. Wartend wie ein Abnormer stand das häßliche Kreuz. Kevinia gab Instruktionen. Ehemann Nummer eins fesselte Andromedas kleine Hände und verließ sich darauf, daß Ehemann Nummer zwei ihr die kleinen Füße band. Sie sah von Gesicht zu Gesicht, aber nichts wurde gesagt, und bald eilten sie davon, den gewundenen Pfad hinauf. Und so starrte Andromeda ins Feuer, sah seine Kobolde und Dschinns und ihr pures Pandämonium.

Mit unruhigem Schritt stahl sich der Menschenfresser durch die Außenbezirke des Dorfes, die schweren Fäden seines Geifers schwirrten – klirrten fast – in wilder Nostalgie, wenn er die Stätte früheren Mordens und unbarmherzigen Zerfleischens passierte, der Kiefer hing schlapp herunter und schloß dann krachend, in stumpfsinnigem Aufzucken, die Nägel seiner Krallen spreizten und zersplitterten auf nacktem Grund. Da geht er nun, der Schreckliche, in nadeligem Pelz, mit baumelndem, unförmigem Genital und dem fünften Bein, das aus seinem Hintern ragte wie das Nachspiel eines zutiefst unvernünftigen, übermenschlichen, sexuellen Aktes. Der natürliche Selektor. Obwohl selbst unverwüstlich – er könnte sich, wenn er wollte, einer Pan-Immunität rühmen –, brodelte und barst der Hund mit ganzen Ökologien gefangener Viren, Bakterien und Mikroben: Milzbrand, verseuchter Brut, Rinderpest, Koller, Ruhr, Rotz, hartem Tritt, Schafsfäule und Räude. Um ihn waberte es wie von großem Hitzedunst. Wo der Hund geschlafen hatte, verdorrten die Blumen.

Wir wissen alle, wie das Dorf sich üblicherweise verhielt, wenn der Hund unterwegs war. Es spielte tot. Gedemütigt und apathisch verbarg es sein menschliches Gesicht. Aber in dieser Nacht des Opfers, ungekannten Ekels und erneuter Niederlage wollten die Köpfe zwischen den Schultern sich nicht beugen, ihre Schläge zu empfangen. Warum? Es war Andromeda, es war Stolz, es war Schönheit – war es vielleicht auch, auf seltsam pervertierte Weise, das Eintreten Andromedas für den kleinen Welpen? Man konnte das dumpfe Grollen erregter Gemüter spüren, gereiztes Aufbegehren. Zwischen den dicht gedrängten Hütten wurden Fenster und sogar Türen aufgeworfen, Ehemänner ließen sich sehen, fuchtelten und riefen, und auch die Frauen haßten und schmähten, mühten und mühten sich, den Hund fort zu hassen.

Nicht daß der Hund durch diese Behandlung sonderlich aus der Fassung gebracht wurde. Nach einigem dümmlichen Zögern und ziellosem Knurren (das Knurren klang wie gelangweiltes Fluchen) bewegte er sich weiter in Richtung Ring. Stumpfsinnig hielt er wieder inne, als eine Art bösartiger Krampf oder Anfall seinen Körper durchzuckte. Ernsthaft, er sah gar nicht gut aus. Seine Diät machte ihm sichtlich zu schaffen. Eine eindringlichere Reklame für den nicht-menschenfressenden Lebensstil konnte man sich kaum vorstellen. Ja, durch so ein Regime konnte sogar der Hund herunterkommen: in diesen Tagen stand er nicht auf besonders freundschaftlichem Fuß mit dem, was er ausströmte, und ein einziger Rülpser konnte ihn zu Boden werfen... Er kam an den Rand des Kreises. Mit scharlachroten Augen starrte er durch verzerrte Luft – und sah am Pfahl eine Gestalt. Er grunzte und folgte der Fährte hinunter: das war gut, das war nach seinem Geschmack, so sollten die Dinge sein. Auf dem halben Weg nach unten blickte er auf und sah die ermutigten Dorfbewohner am Rand des Kraters versammelt, alle rund um ihn, geräuschvoll und gestikulierend. Was ist los? Was soll das? schien sich der Hund zu wundern und drehte sich um und spähte durch die Flammenspitzen hinab, um das Opfer zu inspizieren, überzeugt, er würde den üblichen Halbaffen, den nervös gähnenden Kretin an den Pfahl gebunden finden. Als er die kleinen braunen, sich windenden Glieder sah (hier unten schien sich alles zu winden), pochte und rumorte der Magen des Hundes, und ein oder zwei halbe Liter dampfenden Geifers schwappten aus seinem Maul. Langsam, mit Vorfreude, mit angemessenem Respekt, bewegte sich der Hund den gewundenen Pfad hinunter.

Andromeda beobachtete ihn durch das Feuer. Sogar die Flammen schienen den Hund verschlingen zu wollen, faßten nach ihm mit Zungen und Fingern – ihn zu verschlingen, zu verwandeln, ihn aufzufressen und ihn entgiftet wieder auszuspucken. Ein kleines Flämmchen konnte nicht widerstehen und reckte sich vor, um über den entzündeten Pelz des Hundes zu streifen. Der Hund grollte abwesend, als ein einzelner Flecken seines Fells kurz knisterte wie entflammter Ginster. Aber er trottete weiter – er konnte das verkraften – und tastete sich schließlich zum Fragezeichen des Feuers vor. Als er Andromeda sah, als er sie roch und die Güte des vor ihm angepflockten Proviants spürte, galoppierten seine Glieder vor (Kopf und Körper schlingerten hinterdrein), bevor er, zwanzig Fuß von ihr entfernt, zu unordentlichem Halt abbremste. Er zögerte wieder. Auch der Hund schätzte auf seine Art die Schönheit. Er würde sie sehr, sehr langsam fressen.

Andromedas Blick traf seine blutroten Augen. Ihre persönlichen Leibwächter oder Leibgötter, ihre Götter der Ohnmacht, wollten sie fortbringen und in den Schlaf wiegen. Aber all das Fieber und die Magie hier unten im Ring – man konnte einfach das heiße Oxygen, das Blutopfer nicht ausblenden. Lauter als die Menge zischte in diesem glühenden Kessel das Feuer. Sie sah, wie der Hund die Kiefer aufriß: die karzinogenen Zähne, den Tumor seiner Zunge, die Flämmchen brodelnden Speichels. Dann, plötzlich wie ein Kinnhaken, schloß sich das Maul des Hundes, senkte er seinen Kopf und trottete schwerfällig auf sie zu.

Wer spürte es zuerst, Andromeda oder der Hund? In sich ausbreitenden Wogen verstummte nach und nach die sie umringende Menge, durch die Wellenlängen fiel sphärische Musik und verstarb auf ihrer Frequenz. Der Hund selbst schien beeindruckt von der friedlichen, verhallenden Stille. Was war das, was sie im flammenfleckigen Schweigen hörten? War es das Frohlocken winziger Glocken? Mit einem schmerzhaften Dreh seines Nackens blickte der Hund zum Rand des Kraters auf. Am Beginn des gewundenen Pfades, den glänzenden roten Ball in seinem Maul, stand der kleine Welpe Jackajack.

Auch der kleine Welpe mußte sich seinem Schicksal stellen; und er lief hinab, mit tänzelndem Schritt, die Vorderpfoten gleichmäßig hochgeworfen, den Kopf pompös erhoben. Der Hund beobachtete ihn mit einer Abscheu, die an Furcht grenzte. Ja, Furcht. Natürlich war der Hund so tapfer wie ein Löwe und viel dümmer, aber jeder fürchtet sein eigenes, gegensätzliches Bild, seine Antimaterie oder seinen Antichristen. Alles fürchtet sich selbst. Erneut geifernd und träge grunzend beobachtete der Hund, wie der kleine Welpe (den Blick starr voraus) die langgezogene Spirale hinabprotzte, unter dem Schleier der Flammen verschwand und in den Ring herein stolzierte. Er marschierte ohne zu zögern auf den Hund zu, direkt hinein in das ihn umgebende Miasma, ließ den roten Ball fallen, glitt zurück, um sich hinzuducken, die Nase auf seinen Pfoten – und bellte.

Der Hund zögerte, ein dünnes Grinsen ließ seine Augen leuchten. Dieser Knirps, dieser Krümel, diese Vorspeise: wie hieß das Spiel? Der kleine Welpe kläffte wieder, sprang vor, über den Ball, dann zurück in seine Haltung verspielten Bettelns. Sekundenlang glotzte der Hund in schwerfälligem Staunen, er schlurfte und probierte seine inneren Register entlang, suchte nach gespeicherten Erinnerungen, Botschaften, Kodes. Auch die Menge brabbelte verwirrt, bis jemand zu schreien begann, zu pfeifen – anzustacheln, den Hund anzustacheln. Der kleine Welpe dribbelte jetzt den roten Ball dem Hund vor die Füße und wiederholte seinen Hüpftanz mit vielen koketten Wirbeln und Finten. Grimmig warf der Hund sich vor. Aber blitzschnell stürzte sich der kleine Welpe auf den Ball und lief zwei enge Kreise – dann, Hintern zum Hund, flegelte er sich auf den Boden, stubste und küßte seinen unvergleichlichen Preis. Mit offenem, flutendem Maul beobachtete der Hund, wie der Schwanz des Welpen sorglos hin und her wischte, sah den plumpen kleinen Hintern, gespannt und bereit. Plötzlich warf er sich vor – und der Welpe war auf und davon, den Ball hoch erhoben, als er außer Reichweite schlenderte. Oh, der kleine *Welpe* – gut genug, ihn zu *fressen*.

Als das Spiel andauerte, von der Menge und dem erregten Feuer beobachtet (beide mit ihren eigenen Buhrufen und eigenem Applaus), schien der Hund bald anders über den Welpen zu denken, urteilte man nach der großen palatinalen Verlängerung, die sich aus verworfenen unteren Regionen aufreckte, nach seinen Malaria-Augen und dem heftigen Atem. Jetzt hatte sich der kleine Welpe einige Meter entfernt und lag schlaff auf seinem Rücken, die Pfoten erhoben, der rote Ball scheinbar unbeachtet an seiner Seite. Blöde wie er war, hielt der Hund seinen Moment für gekommen. Er ging vor, warf sich in seinen Galopp, wurde schneller, bis, siegesgewiß (obwohl, in Anbetracht seines eigenen ballistischen Wagemuts, das Gesicht Anzeichen von Besorgnis sehen ließ), er sich schwerfällig durch die Luft katapultierte. Natürlich waren beide, der Ball und der Welpe, verschwunden – und der Hund landete in so krachendem Chaos gegen den gesinterten Fels, daß die Menge für den Augenblick aufzuckend verstummte und sich wunderte, ob der Hund tot oder schwer verletzt war, sich wunderte, wie groß seine Wut sein würde, wenn er jetzt erwachte... Sekunden verstrichen und der Körper regte sich nicht. Mit einem raschen, scharfen Blick auf Andromeda näherte sich der kleine Welpe dem giftigen Haufen, dem dampfenden Hundewrack. Jeder hielt den Atem an, als der Welpe schnupperte und bellte und eine Pfote zum offenen Maul des Hundes ausstreckte. Er schnüffelte zwischen dem anschwellenden Gemurmel der Hoffnung. Jetzt hob der kleine Welpe sogar ein Bein, als wolle er... Andromedas Schrei warnte ihn. Obwohl er aufjaulend zurücksprang, hatten die Krallen des Hundes doch ihr Werk verrichtet, hatten blitzschnell Blut aus dem rosigen Bauch des Welpen geschlagen.

Auch der Hund hatte gespielt: er hatte tot gespielt. Aber jetzt spielte er nicht mehr. Mächtig erhob er sich auf vier Beine, auf zwei Beine, und mächtig schüttelte er die blutigen Fetzen seiner Wut. Jetzt erst begann die Jagd richtig, der große Hund sprang dem kleinen Welpen hinterher, in immer enger werdenden Kreisen, schlingernd und schleudernd, so herum, diesen Weg, jenen, diesen. Zeitweilig schien der Welpe freier als Luft zu sein, einfallsreich, wendig, subatomisch, superastral, nur Wirbel und Zauber, während der Hund sich vorwärtsbewegte wie ein Bulle auf Schienen, pure Wucht und Masse und auf immer ihren Gesetzen unterworfen. Es konnte nicht mehr lange dauern. Der Welpe überschlug sich immer wieder, wie Welpen es nun einmal tun, und hinterließ Blut auf der Erde, und jedesmal, wenn er sich zur Kehre aufraffte, sah er schwächer und winziger aus im Vergleich zum Hund, der allen Raum einzunehmen, der die ganze Hölle und mehr auszufüllen schien...

Schließlich, am Ende der Feuersichel, führte der Welpe den Hund in einen weiten Bogen. Sie kamen wieder zum Vorschein, das große Tier folgte dem kleinen und holte auf, holte auf. «Kehr um», rief die Menge. «Kehr um», rief Andromeda, als sie vorbeiflitzten. Der Welpe konnte jetzt den heißen Atem des Hundes an seinem Hintern spüren, den Bunsenbrenner entflammten Geifers und entzündeten Zahnfleisches, und trotzdem stürzte und sprang er weiter, scheinbar nur noch vom verzweifelten Rhythmus der eigenen Schritte vorangetrieben. Zusammen schnellten sie auf die große Feuernahtstelle zu, fast ein einziges Tier jetzt, der Schwanz des Welpen kitzelte die schäumende Schnauze des Hundes, dessen Kiefern zum ersten, packenden Biß geöffnet waren. Kehr um, kehr um –

«Kehr um», rief Andromeda.

Aber der kleine Welpe kehrte nicht um. Mit einem Geheul aus Schrecken und Triumph warf er sich selbst hoch in die Flammen – und der Hund, wie eine blinde, hitzesuchende Rakete, wie eine Waffe aus Spucke und Blut, konnte nur noch hinterher.

Und so ließen sich die Flammen endlich zum Mahl nieder. Und was für ein Mahl ihnen der Hund verschaffte. Was für ein Keuchen und Würgen, was für ein empörtes Aufstoßen und Aushusten, was für ein Bersten und Platzen von Dampf und Gas, was für ein Rülpsen und Speien – und die hüpfenden Federn und Blitze und pulsierenden Hirn-Checks, die die Flammen schufen, bis sie sich entspannten und beruhigten und wieder zu atmen begannen.

Als Tom sie losband, drängte sich Andromeda an ihm vorbei und lief entlang der Sichel aus Feuer. Sie fand den immer noch qualmenden Körper des kleinen Welpen, Bauch nach oben, gerade hinter der Feuernaht, und sie kniete sich hin, ihn in ihren Armen zu wiegen. Die Flammen hatten ihn nicht fressen wollen, sie wollten ihn hindurchtragen und ihn sicher auf die andere Seite bringen. Jetzt hustete der kleine Welpe, zuckte zusammen und blinzelte zum letztenmal zu ihr auf. Ja, die Welpenmusik verklang. Der kleine Welpe konnte nicht weiterleben, nicht in der kleinen Welpengestalt – der versengte Schwanz, das Blut auf dem empfindlichen Bäuchlein, die armen Pfoten waren jetzt schlapp, ohne Leben. Andromeda sah auf. Die Dorfbewohner standen schweigend entlang des gewundenen Pfads. Aber als ihre Trauer wuchs, begannen auch sie zu weinen, zu wehklagen, bis der Klang, vom Feuer himmelwärts getragen, in den Wattewolken des Himmels verwehte.

In dieser Nacht lag Andromeda spät noch wach, ihr heißes Gesicht gegen das feuchte Kissen gepreßt. Ihre Gedanken waren verständlicherweise beim kleinen Welpen Jackajack. Sie hatte seinen kleinen Körper zum Pfahl getragen und ihn dort auf einen weißen Schal gelegt. Knieend hatten ihm die Dorfbewohner die Ehre erwiesen und sich beschämt selbst verflucht, weil sie jemals den kleinen Welpen verspottet oder am kleinen Welpen gezweifelt hatten, an Jackajack, der es schaffte. Es herrschte Trauer und es herrschte Freude. Und es herrschte Scham. Morgen würde der kleine Welpe für die Sühneopfer der Dorfbewohner feierlich aufgebahrt werden. Dann würde Andromeda ihn außerhalb des Dorfes beerdigen, jenseits der Hügel – beim nervösen Bach. Aber die Sichel würde ein geheiligter Ort sein, und jeder, der dort vorbeiging, würde an den kleinen Welpen denken. Jetzt ist er aus dem Leben geschieden, sagte sie zu sich selbst. Und wie sieht das Leben ohne ihn aus? Könnte er nur alle meine Tränen trinken, könnte er sie nur alle auflecken. Sie dachte an sein Gesicht, als er sie das letzte Mal anlächelte – so zärtlich, so voll inneren Vergebens. Unendlich vertraut und auch so erleuchtet von Geheimnissen.

Dann hörte sie ein sanftes Pochen an ihrem Fenster, schwach und geduldig. Sie stieg aus ihrem Bett und sah hinaus. Alles war dunkel und traurig. Andromeda schlang einen Schal um sich und ging rasch auf den Flur. Sie öffnete die Tür und sagte:

«Jackajack?»

Der Junge stand da, im Hintergrund ein Wirbel von Sternen, sein Körper noch gezeichnet von den Klauen und Flammen. Sie streckte ihre Hand aus, um die Tränen in seinen menschlichen Augen zu berühren.

«John», sagte sie.

Seine Arme waren stark und kriegsgleich, als er sich umdrehte und sie in die kalte Nacht hinausführte. Sie standen zusammen auf dem Gipfel des Hügels und blickten hinunter auf ihre neue Welt.

Die Unsterblichen

Was für eine Zukunft. Bald wird es keine Menschen mehr geben, und ich werde allein sein. Für immer. Wegen der Sonnenstrahlung, dem Problem mit der Immunität und der Ratte-und-Schaben-Diät sind die Menschen hier in keiner guten Verfassung. Sie sind die letzten Lebenden, aber sie werden nicht überleben (nur versuch *denen* das mal zu erklären). Da sind sie wieder, stolpern ins Freie, um den höllischen Sonnenuntergang zu sehen. Sie sind alle krank, sie leiden an Wahnvorstellungen. Sie glauben alle, sie wären... Aber lassen wir die armen Hunde in Ruhe. Jetzt bin ich frei, jetzt kann ich mein Geheimnis lüften.

Ich bin der Unsterbliche.

Mich gibt es schon seit undenkbar langer Zeit. Wenn Zeit Geld wäre, dann wäre ich einer der letzten großen Verschwender. Und ihr wißt ja, wenn man schon so lange wie ich dabei ist, dann kann einen das tägliche Maß, diese Vierundzwanzig-Stunden-Nummer, ganz schön fertig machen. Ich habe versucht, die Dinge in größerem Rahmen abzuziehen. Und ich hatte meine Erfolge. Einmal blieb ich sieben Jahre lang wach. Ununterbrochen. Nicht mal 'n Nickerchen. Mann, war ich geschafft. Dann wieder, als ich krank war, damals in der Mongolei, habe ich ein ganzes Jahrzehnt verpennt. Und in einer schlaffen Spanne, ich trieb mich in einer Oase in der Sahara herum, habe ich achtzehn Monate lang in meiner Nase gebohrt. Bei einer anderen Gelegenheit – als keiner in der Nähe war – habe ich mir, ausgereizt über den ganzen Sommer, einen runtergeholt. Sogar die Krokodile, die immer gleichen, waren neidisch auf meine Bäder in zeitlosen, zeitgefleckten Flüssen. Ehrlich, was hätte man sonst auch tun wollen? Aber ich habe dann doch mit diesen Experimenten aufgehört und bin brav in den Tag-Nacht-Pendler eingestiegen. Scheinbar brauchte ich meinen Schlaf. Scheinbar mußte ich die Sachen machen, die die Menschen scheinbar machen müssen. Meine Nägel schneiden. Mich zum Pott und zum Rasierbecken abmelden. Haare schneiden. Diese ganzen *Ablenkungen*. Kein Wunder, daß ich nie was geschafft habe.

Ich wurde in der Nähe von Kampala, in Uganda, in Afrika geboren, oder ich erschien oder materialisierte oder wurde runtergebeamt. Natürlich gab es Kampala noch nicht, Uganda genausowenig. Afrika auch nicht, fällt mir dabei ein, damals hingen die Landmassen noch zusammen. (Ich mußte bis zum zwanzigsten Jahrhundert warten, um mehr von diesem Krams zu verstehen.) Ich denke, ich muß so eine Art verkrachter Gott gewesen sein; war ja denkbar, daß ich von einem anderen Planeten gekommen war, auf dem die Uhren anders tickten. Egal, bei mir hat es nie zu viel gereicht. Im großen und ganzen war mein Leben sinnlos, obwohl es so schon lange dauert. Bevor es die ersten Menschen gab, mit denen man herumlungern konnte, mußte ich mich ziemlich lange im Zaum halten. Die Welt war noch am Abkühlen. Ich habe die Geologie über mich ergehen lassen und auf die Biologie gewartet. Über den kleinen warmen Pfützen, in denen das weltraumgesäte Leben begann, habe ich Liedchen gesummt. Ja, ich war da, hab euch schon in den Startlöchern angefeuert. Denn meine Instinkte waren Herdeninstinkte, und ich fühlte mich schrecklich einsam. Und hungrig.

Dann zeigten sich die ersten Pflanzen, wenigstens eine angenehme Abwechslung, und bei den Tieren ein paar primitive Lebensformen. Ich hatte bald kapiert und wurde zum Fleischfresser. Ich wurde ein hervorragender Jäger, teilweise aus Gründen der Selbstverteidigung. (Es war wohl kaum eine Frage des Überlebens, aber wer mag das schon, wenn man ihn die ganze Zeit beschnüffelt, ihn zerkrallt und auf ihm herumbeißt.) Die hätten sich kein Tier ausdenken können, das ich nicht töten konnte. Haustiere hatte ich auch. Irgendwie, denke ich, war es ein gesundes Leben im Freien, aber nicht besonders anregend. Ich sehnte mich nach... nach Austausch. Falls ich je geglaubt hatte, das Perm wäre das Allerletzte gewesen, dann nur, weil ich die Trias noch nicht kannte. Ich kann euch nicht sagen, wie trostlos das alles war. Und dann kam, ehe ich wußte, was los war – das wird so um 6 000 000 v. Chr. gewesen sein – die erste (inoffizielle) Eiszeit, und wir mußten alle noch mal anfangen, ganz von vorne. Die Eiszeiten waren ein ziemlicher Schlag für meine Moral. Man konnte genau voraussagen, wann eine kam: zuerst gab es eine Art kosmische Lightshow, dann, meistens jedenfalls, einen Höllensturm von schwachsinnigsten Ausmaßen; dann

Staub und hübsche Sonnenuntergänge; dann Dunkelheit. Sie kamen regelmäßig, alle 70 000 Jahre, auf die Minute. Man konnte die Uhr danach stellen. Durch die erste Eiszeit verschwanden die Dinosaurier, so lautet die Theorie. Ich weiß es besser. Sie hätten es schaffen können, hätten sie sich ihren Gürtel enger geschnallt und sich vernünftig benommen. Die Tropen waren ein bißchen stickig und bedrückend, zugegeben, aber absolut belebbar. Nein, für die Dinosaurier war es einfach soweit: eine ziemlich üble Bande. Diese Filme über Abenteuer in vergessenen Welten zeigen die Dinosaurier wirklich lebensecht. Unglaublich blöde, unglaublich reizbar – und unglaublich *groß*. Und ewig Stunk. Die Gegend war die reinste Prügelarena. Ich hatte mir mittlerweile natürlich Feuer zugelegt, ich aß also gut. Jede Nacht gab's Burger.

Der erste Schwung Affenmenschen war, was mich angeht, nur eine große Enttäuschung. Irgendwie war es schön, sie zu sehen, aber meistens gingen sie mir einfach auf die Nerven. Dafür diese ganze Evolution? Es dauerte eine Ewigkeit, bevor sie irgendwas zustande brachten, und selbst dann noch waren sie haarsträubend habgierig und paranoid. Mit meinem kleinen Häuschen, meinen Pelzanzügen, meinem glatt rasierten Kinn und meinen Barbecues war ich schon einzigartig. Gelegentlich wurde ich gehaßt oder verehrt. Aber selbst mit den Freundlicheren unter ihnen konnte ich nicht viel anfangen. *Ugh. Ich. Akk.* Was für eine Art zu reden sollte das sein? Und als sie sich schließlich verbesserten und ich ein paar Kumpel fand und anfing, mit den Frauen Beziehungen zu haben, machte ich prompt eine fürchterliche Entdekkung. Ich dachte, sie wären anders, aber sie waren es nicht. Sie wurden alle alt und starben, genau wie meine Haustiere.

So wie sie jetzt auch sterben. Um mich herum sterben sie alle.

In dieser Gegend fanden wir es zuerst angenehm, als die Welt langsam wärmer wurde. Wir fanden es angenehm, als die Dinge sich wieder belebten. Der Winter ist immer hart, aber irgendwie ist der atomare Winter besonders grimmig. Selbst ich war die Nacht leid, die dreizehn Jahre dauerte (und Neuseeland ist zu seinen besten Zeiten schon ziemlich tot, finde ich). Zeitweilig war Sonnenbaden angesagt. Aber das ging dann zu weit ins andere Extrem. Es wurde einfach heißer und heißer – oder vielmehr gab es eine Veränderung in der Eigenart der Hitze. Sie fühlte sich gar nicht wie Sonnenlicht an. Sie fühlte sich eher wie Gas oder wie eine Flüssigkeit an: sie fühlte sich wie Regen an, sehr dünn, sehr heiß. Und Gebäude schienen sie nicht vollständig abzuhalten, sogar Gebäude mit Dächern nicht. Die Menschen hörten auf, Sonnenanbeter zu sein, und wurden Mondanbeter. Leben wurde zum Nachtleben. Wenn man es sich so überlegt, sind sie eigentlich ziemlich vergnügt – die anderen tun ihnen mehr leid als sie sich selbst. Wahrscheinlich können sie von Glück sagen, daß sie nicht wissen, was wirklich runterkommt.

Die armen Sterblichen, sie dauern mich. Es gibt einfach nichts, was sie gegen den schmelzflüssigen Dämon da oben am Himmel machen können. Sie haben den Zorn überstanden, dann haben sie die Kälte überstanden, und jetzt kriegen sie den Overkill noch einmal. Jetzt kriegen sie den Overkill in Wiederholung, den doppelten Overkill – durch den langsamen Brüter Sonne.

Die Apokalypse geschah im Jahr 2045 n. Chr. Als ich mir sicher war, daß sie bevorstand, bin ich sofort zum Schauplatz des Geschehens: nach Tokio. Ich sag ganz offen, ich war bereit, alles aufzugeben. Nicht etwa, daß ich besonders deprimiert war. Wenigstens war ich nicht so deprimiert, wie ich es jetzt bin. Genauer gesagt, war ich gerade erst mit einem fünf Jahre alten Kater fertig geworden, und für mich sah die Zukunft blendend aus. Aber der Planet war inzwischen in ziemlich desolater Verfassung, und ich wollte nichts mehr damit zu tun haben. Ich wollte raus aus dem Ganzen. Bisher hatte mich nichts umbringen können, und ich nahm an, ein direkter Schlag von einer Atombombe war meine einzige Chance. Ich bin kosmisch – zeitlich –, aber das sind die Atombomben auch: in ihrer Kraft. Wenn die Atombombe nicht die Power hat, mich umzupusten (sagte ich zu mir), dann schafft es nichts. Ich hatte nur einen ernsthaften Einwand. Die damalige Stationierungsmode bevorzugte Flächenbombardements im Hundertkilo-Tonnen-Bereich. Ich persönlich hätte es etwas größer lieber gehabt, eine Megatonne wenigstens. Ich habe das Boot verpaßt. Ich hätte meine Chance in den Tagen der atmosphärischen Tests nutzen sollen. Ich könnte mich selbst immer wieder treten, daß ich diesen Sechzig-Tonnen-Bastard verpaßt habe, den die Sowjets in Sibirien ausprobierten. Sechzig Millionen Tonnen TNT: da wär wahrscheinlich nicht einmal ich heil davongekommen...

Ich mietete mir eine Penthouse-Wohnung im Century Inn in der Nähe des Tokio Towers, genau im Zentrum der Stadt. Dieser Schlag sollte voll unterm Kinn sitzen. Im Hotel schien man froh darüber, mich als Kunden zu haben. Das Geschäft war alles andere als lebhaft. Jeder wußte, hier war der Anfang vom Ende: hier begann das Ende vor hundert Jahren. Und in diesen Tagen starben sowieso überall die Städte... Ich setzte auf Luftdetonation. Nachts. Ich bestach den Flurwächter, und er ließ mich aufs Dach: mein letzter ‹sleep-out›. Die Stadt krümmte sich in tödlicher Angst. Ich – ich krümmte mich in tödlicher Hoffnung. Sollte das egoistisch klingen, entschuldige ich mich hiermit. Aber bei wem? Als ich die Sirenen und das Winseln in der Luft hörte, sprang ich auf, stand da, nackt, auf Zehenspitzen, die Arme ausgebreitet. Und dann kam es, es war, als würde das Universum aufgerissen.

Ich hatte erst mal eine Menge direkter Strahlung abgekriegt, die später stärkere Kopfschmerzen verursachten. Damals dachte ich, ich würde von Dionysus zu Tode gekitzelt. Außerdem machten mich der elektromagnetische Impuls und die Hitzewelle völlig fertig. Über den EMI braucht ihr euch keine Sorgen zu machen. Er ist eines der kleinsten Probleme für euch, laßt euch das von mir gesagt sein. Mit der Hitzewelle sieht es schon anders aus. Da herrscht die Art von Temperatur, die einen Menschen in einen Schatten an der Wand verwandelt. Sogar ich bin etwas runzelig geworden. Auch wenn ich jetzt darüber Witze reißen kann (war gar nicht warm, Mammi; auweia, war das knallheiß!), damals war es eher beängstigend. Ich konnte kaum atmen, und mir wurde ganz schwarz vor Augen – auch zum erstenmal: ich bin nicht gestorben, aber wenigstens wurde ich bewußtlos. Ziemlich lange außerdem, denn als ich wach wurde, war alles vorbei. Die Druckwelle, den Großbrand, den ganzen Todes-Taifun habe ich schlicht verschlafen. Physisch fühlte ich mich hervorragend. Physisch war ich, wie man so sagt, großartig in Form. Vom Kater total entschlackt. Aber in jeder anderen Hinsicht fühlte ich mich ungewöhnlich niedergeschlagen. Ja, ich war eindeutig deprimiert. Bin ich immer noch. Klar, ich mach auf vergnügt, zieh eine tapfere Miene, aber oft denke ich, diese Depression hört nie auf – sie wird mich begleiten bis zum Ende aller Zeit. Mir fällt nichts ein, das eine echte Chance hätte, mich aufzuheitern. Bald wird es keine Menschen mehr geben, und ich werde allein sein, für immer.

Es sind Sandmenschen, Staubmenschen, Menschen aus Staub. Ich mag sie, natürlich, aber sie sind keine großartige Gesellschaft. Sie sind zutiefst krank und zutiefst verrückt. Während sie dahinschwinden, während sie verebben und verblassen, scheinen sie aufgeblasene Vorstellungen von sich selbst zu entwickeln. Aber unter uns, ich fühl mich auch nicht zu toll. Ich sehe gut aus, ganz mein altes Ich, aber ich habe mich eindeutig schon besser gefühlt. Nebenbei, mit Krankheiten gehe ich folgendermaßen um: Ich kriege sie, und sie schmerzen et cetera, aber tödlich waren sie nie. Sie verschwinden wieder, oder ich passe mich an. Um ein Beispiel aus vergleichsweise jüngster Vergangenheit zu geben, dreiundsiebzig Jahre lang hatte ich AIDS. Sieht so aus, als könnte ich es einfach nicht wieder loswerden.

Noch eine Stunde bis zur Dämmerung, und die Sterne strahlen noch mit ihrer neuen, ihrer scharfen Helligkeit. Die Menschen sind jetzt alle nach innen gegangen. Einige werden in einen fiebrigen Schlaf fallen. Andere werden sich beim verseuchten Brunnen sammeln und sich den ganzen Tag ihren Unsinn erzählen. Ich werde noch ein wenig draußen bleiben, allein, unter dem unsterblichen Kalender des Himmels.

Die klassische Antike war interessant (ich schätze, ich überspringe hier einiges, aber ihr verpaßt nicht viel). Im Rom des Caligula wurde mir klar, daß ich ein Problem mit dem Alkohol hatte. Ich begann, meine Zeit immer häufiger im Nahen Osten zu verbringen, irgendwas war da meistens los. Ich kapierte die grundlegenden Gesetze der Ökonomie und wurde zu einem erfolgreichen Händler am Mittelmeer. Für mich waren die weiten Wege nach Westindien und zurück kein Problem. Mein Geschäft lief gut, wenn auch nicht hervorragend, und so um das zehnte Jahrhundert tauchte ich wieder in Zentraleuropa auf. Im nachhinein sieht es so aus, als wäre das ein falscher Schritt gewesen. Wollt ihr wissen, welche Zeit ich am besten fand? Ganz klar: die Renaissance. Ihr hattet wirklich einen Durchbruch. Um euch die Wahrheit zu sagen, ihr habt mich in Erstaunen versetzt. Ich hatte mich gerade durch fünfhundert Jahre Krankheit, Religion und null Talent gelangweilt. Das Essen war fürchterlich. Keiner sah gut aus. Kunst und Handwerk waren einfach hundsmiserabel. Und dann – peng! Und auch noch alles gleichzeitig. Ich war in Oslo, als ich hörte, was los war. Ich ließ alles stehen und liegen und nahm das nächste Boot nach Italien, voll Panik, ich würde es verpassen. O Mann, es war der Himmel auf Erden. Diese Typen, wenn die eine Wand oder eine Decke oder was immer bemalten – das blieb bemalt. Wir *lebten* damals in einem Meisterwerk. Trotzdem war es, nach meinem Dafürhalten, irgendwie auch ominös. Ich konnte sehen, daß ihr in jeder Hinsicht zu allem in der Lage wart... Und was erlebte ich nach der Renaissance? Rationalismus und die industrielle Revolution. Wachstum, Fortschritt, die ganze petrochemische Stampede. Gerade als ich glaubte, kein Jahrhundert könne bescheuerter sein als das neunzehnte, schon kommt das zwanzigste. Ich schwöre euch, der ganze Planet schien eine Art Wettkampf in Sachen Idiotie aufzuführen. Von da an hätte ich euch sagen können, wie die menschliche Geschichte enden würde. Jeder hätte es. Es war nur das eine Ergebnis möglich.

Meine Selbstmordversuche gehen bis ins Mittelalter zurück. Ich bin ewig oft von Bergen und ähnlichem runtergesprungen. Felssärge. Hat nie funktioniert. Mein Gott, ich bin häufiger vom Blitz getroffen worden, als ich Lust habe, mich daran zu erinnern, und lebte weiter, um die Story zu erzählen. (Ich hab einmal einen Meteoriten voll ins Gesicht gekriegt, war eine ganz schöne Arbeit, darunter wieder hervorzukrabbeln, und ich fühlte mich den ganzen Nachmittag ziemlich farblos.) Und außerdem habe ich noch in zahllosen Kriegen gekämpft. Tausende von Jahren war ich mit Leidenschaft Soldat – man bekam die Welt zu sehen – aber mit Beginn des fünfzehnten Jahrhunderts hörte ich so langsam damit auf. Ich, der ich unter Alexander und mit den großen Khans gekämpft hatte, ich fand mich plötzlich in einem kleinen Haufen rotzender Vagabunden; auf der anderen Seite des Weges war ein anderer kleiner Haufen rotzender Vagabunden. Das war bei Agincourt. Seit Passchendaele waren der Krieg und ich miteinander fertig. Nichts mehr von der ganzen Improvisation, dem Provisorischen und dem Gewußt-Wie. Es war schlicht und einfach nur Tod. Und meine Erfahrungen mit dem nuklearen Theater haben nicht gerade dazu beigetragen, die verlorene Romantik wiederzubeleben... Wohlgemerkt, ich verlor nach und nach mein Interesse an allem. Ich zog mich ganz allgemein mehr zurück und wurde neurotischer. Und natürlich war da noch die Sauferei. Auf halbem Weg durch das zwanzigste Jahrhundert geriet mein Problem mit dem Alkohol völlig außer Kontrolle. Ich machte eine Sauftour, die fünfundneunzig Jahre dauerte. Von 1945 bis 2039 war ich breit. Ich war ein Nomade der Städte, lebte davon, meine Vergangenheit, die Geschichte zu verkaufen: phönizischen Krimskrams, hebräische Schriftrollen, Beutegut – einiges war ein Heidengeld wert. Ich brach zusammen. Ich verlor vollständig mein Selbstwertgefühl. Ich war wie der Passagier im abstürzenden Flugzeug, der sich das Duty-Free in die

Kehle schüttet und versucht, den Zustand zu finden, in dem alles unwichtig wird. Die ganze Welt schien sich so zu verhalten. Dieser Zustand läßt sich nicht finden. Er existiert nämlich nicht. Die Dinge sind nämlich nicht unwichtig. Nicht einmal hier.

Tokio nach der Atombombe war nicht gerade ein angenehmer Anblick. Eine ölige schwarze Masse mit schmalen Feuerbrokaten. Mein Leben war überreich an Tod – Tod ist mein Leben –, aber dies hier war eine neue Dimension. Alles war verschwunden. Nichts geschah mehr. Das einzige Licht und die einzige Bewegung kam von den Plasmastrahlen und Atombömbchen, die noch immer von irgendeinem spuckenden Satelliten oder einem letzten U-Boot abgefeuert wurden. Was *machen* die nur, fragte ich mich, daß sie sich so einen Friedhof wie diesen hier zusammenschießen? Fragt mich nicht, wie ich den ganzen Weg runter nach Neuseeland geschafft habe. Es ist eine lange Geschichte. Es war eine lange Reise. In den alten Tagen hätte ich die Strecke natürlich laufen können. Ich hatte keine bestimmten Pläne. Ich folgte eigentlich nur der Spur des Lebens.

Ich bin mit dem Floß zum Festland, und auch da war nichts. Alles tot. (Um gerecht zu sein, das meiste war schon vorher tot.) Als ich meinen Weg nach Süden taperte, sah ich gelegentlich ein Fleckchen Flechte oder einen krummen Pilz und später eine einbeinige Küchenschabe oder eine Ratte ohne Augen oder ähnliches, und das hob meine Stimmung vorübergehend. Es brauchte gut achtzehn Monate, bevor ich die ersten Menschen traf, die diesen Namen verdienten – unten in Thailand. Eine kleine Fischergemeinde, von einem Felsvorsprung in den Küstengebirgen und ungewöhnlichen Windbedingungen geschützt (ungewöhnliche Windbedingungen waren die einzigen Windbedingungen, die es zu jener Zeit gab). Die Leute waren natürlich schlecht drauf, aber sie holten immer noch das eine oder andere aus dem Meer – man konnte es nicht mehr unbedingt Fisch nennen. Ich bat sie um ein Boot, aber sie wollten mir keins geben, was verständlich war. Ich wollte mich nicht mit ihnen darüber streiten, also hielt ich mich da einfach so lange auf, bis alle gestorben waren. Das ging ziemlich schnell. Wenn ich mich richtig erinnere, mußte ich ungefähr vier Jahre warten. Dann lud ich das Boot, stieß ab und kümmerte mich den Teufel darum, wohin mich die Winde trieben. Ich stieß mich einfach ab aufs sterbende Meer und hoffte auf Leben.

Und ich fand es auch, mehr schlecht als recht, hier bei den Staubmenschen. Den letzten. Es ist wohl besser, ich mache das meiste aus diesen Menschen, denn sie sind die letzten Menschen, die mir geblieben sind. Ich trauere um ihren Abgang. Was ist es nur, daß man sich nach anderen sehnt, danach sehnt, daß andere da sind?

Einmal, ich hielt mich mit ausreichend Kleingeld und einem Jahrhundert zum Totschlagen im alten China auf, kaufte ich mir ein Elefantenbaby und zog es auf, vom Kind bis zur Greisin. Ich nannte sie Babalaya. Sie lebte hundertdreizehn Jahre, und wir hatten Zeit genug, uns ziemlich gut kennenzulernen. Die übermütige Art, mit der sie ihren Kopf zurückwarf. Ihre witzige Figur: diese Masse und kein Arsch (von hinten sah sie aus wie ein Bauarbeiter, der über dem Tresen in einer Dubliner Bar zusammengesackt war). Babalaya – die einzige Frau, die mir überhaupt je wichtig war... Nein, das ist nicht wahr. Ich weiß nicht, warum ich das sage. Aber Langzeit-Beziehungen waren für mich schon immer schwierig, und ich habe eher versucht, sie zu vermeiden. Ich war nur acht- oder neunhundertmal verheiratet – ich bin nicht der Typ, der eine Strichliste führt – und ich glaube, die Zahl meiner Kinder bewegt sich nicht einmal irgendwo im Vierstelligen. Ich hatte auch schwule Phasen. Aber ich bin mir sicher, ihr erkennt das Problem. Ich bin daran gewöhnt zu sehen, wie Berge in den Himmel wachsen oder wie ein Flußdelta entsteht. Wenn sie sagen, der Atlantik oder was auch immer würde im Jahrhundert um einen halben Zentimeter sinken, dann *sehe* ich diese Dinge. Da bin ich, leb mit einer Kleinen zusammen. Ich blinzele einmal – und sie sieht aus wie ein Suppenhuhn. Während ich gefangen bleibe im fehlerlosen Nachmittag meines Lebens, scheint die Zeit direkt vor meinen Augen über jeden hinwegzukritzeln: sie schrumpfen, gehen in die Breite, lösen sich auf. Mir war das nicht so wichtig, aber die Frauen wurden damit nicht fertig. Ich habe diese Weibsbilder in den Wahnsinn getrieben. «Seit zwanzig Jahren leben wir zusammen», sagten sie dann. «Wie kommt es, daß ich wie ein Stück Scheiße aussehe und du nicht?» Außerdem war es nicht klug, sich zu lange an einem Ort herumzutreiben. Zwanzig Jahre waren so ziemlich die Grenze. Und ich ließ es darauf ankommen, viele, viele Male, wegen der Kinder. Abgesehen davon, hatte ich nur kurze Affären. Glaubt ihr, One-night-Stands wären unbefriedigend? Was soll ich denn davon halten? Für mich sind zwanzig Jahre ein One-night-Stand. Nicht mal. Für mich sind zwanzig Jahre ein Knie-Schüttler... Außerdem gab es unangenehme Komplikationen. Ich sah zum Beispiel einmal eine Enkelin von mir, wie sie durch die *Suks* von Jerusalem keuchte und humpelte. Ich erkannte sie, weil sie mich erkannte; sie gellte laut auf und zeigte mit dem Finger auf mich, an dem sie einen Ring trug, den ich ihr gegeben hatte, als sie noch klein war. Und jetzt war sie wieder klein. Ich muß leider gestehen, daß ich in der ersten Zeit fast regelmäßig Inzest begangen habe. Inzest ließ sich damals gar nicht vermeiden. Jeder hat es gemacht, nicht nur ich. Millionenmal wurde mir das Liebste genommen, und dann ein weiteres Millionenmal. Die Schmerzen, die ich litt, diese Megatonnen von Schmerz. Ich vermisse sie alle – und wie ich sie vermisse. Ich vermisse Babalaya. Aber ihr versteht, Beziehungen jeder Art sind unweigerlich ziemlich belastet (es wird Spannungen geben), wenn der eine Teil sterblich ist und der andere nicht.

Die einzige Berühmtheit, die ich überhaupt jemals gut gekannt habe, war Ben Jonson, damals in London, als ich aus Italien zurückgekommen war. Ben und ich waren Saufkumpane. Er polterte ziemlich, wenn er zu tief ins Glas geguckt hatte, aber war auch weinerlich, manchmal, und natürlich ziemlich trübsinnig wegen der ganzen Sache mit Shakespeare. Meistens saß Ben in Tränen aufgelöst über dem Geschreibsel von dem Typen. Ich sah Shakespeare ein- oder zweimal auf der Straße. Wir haben uns nie getroffen, aber unsere Augen trafen sich. Ich hatte immer den Eindruck, er und ich, wir hätten uns gut verstanden. Von Shakespeare hielt ich unglaublich viel. Und ich möchte wetten, ich hätte ihm einiges gute Material liefern können.

Bald wird es keine Menschen mehr geben, und ich werde allein sein, für immer. Selbst Shakespeare wird verschwunden sein – aber nicht völlig, denn seine Zeilen werden in meinem alten Kopf weiterleben. Die Erinnerung wird mir Gesellschaft leisten. Ich werde die Gesellschaft der Träume haben. Ich werde nur keine Menschen um mich haben. Ich kannte natürlich diese leeren Jahre, bevor es Menschen gab, an Einsamkeit bin ich also gewöhnt. Aber diesmal, wenn es am Ende niemanden gibt, auf den man sich freuen kann, wird es anders sein.

Es gibt kein Wetter mehr. Die Tage sind nur noch eine Feuerblende – und den Nachthimmel fand ich immer schon ein wenig eintönig. Vorher, in der ersten Leere, gab es Haustiere, gab es Pflanzen, gab es Streifzüge durch die Natur. Es ist nicht viel geblieben, in dem sich Streifzüge lohnen würden. Ich *habe gesehen*, was ihr mit dieser Gegend gemacht habt. Was war los? War es vielleicht zu *schön* für euch? Mein Gott, ihr wart nur ungefähr zehn Minuten hier. Und seht her, was ihr angerichtet habt.

In Grüppchen rund um den verseuchten Brunnen gähnen die Menschen und murmeln vor sich hin. Sie sind die letzten. Sie haben versucht, Kinder zu kriegen – aber es klappt nicht. Die Babies, die ausgetragen werden, sehen gar nicht gut aus, und sie können scheinbar auch keine Immunität entwickeln. Viel Immunität gibt es hier zur Zeit sowieso nicht. Sie sind alle in reichlich gedrückter Stimmung.

Sie sind die letzten, und sie sind verrückt. Sie leiden an Massenwahn. Es ist wirklich die verrückteste Geschichte. Sie glauben alle, sie wären – sie wären ewig, sie wären unsterblich. Von mir haben sie die Idee nicht. Ich habe meinen Mund gehalten, wie immer, aus alter Gewohnheit. Ich war verschwiegen. Ich bin keiner von den Brunnenrandlangweilern, die davon schwätzen, daß sie Tutenchamun kannten und wie sie die Königin von Saba oder Marie Antoinette abgeschleppt haben. Sie glauben, sie würden ewig leben. Die armen Hunde, wenn die nur wüßten.

Manchmal leide ich auch an einem Wahn. Manchmal habe ich diese verrückte Idee, ich wäre nur ein zweitklassiger Schullehrer aus Neuseeland, der nie etwas gemacht hat, nie irgendwohin gegangen ist und jetzt schmerzhaft und lautstark an der Strahlung der Sonne stirbt, genau wie jeder andere. Es ist seltsam, wie greifbar diese gefälschte Vergangenheit ist, und wie menschlich: ich spüre, ich brauche nur die Hand auszustrecken, um sie berühren zu können. Da war eine Frau und ein Kind. Eine Frau. Ein Kind... Aber ich laß das bald wieder sein. Ich reiß mich bald wieder zusammen. Ich stelle mich bald wieder der tragischen Wirklichkeit, daß es für mich kein Ende geben wird, selbst dann nicht, wenn die Sonne gestorben ist (hoffentlich wird das wenigstens ein sehenswertes Schauspiel). Ich bin der Unsterbliche.

Letztens habe ich damit angefangen, bei Tageslicht draußen zu bleiben. Ach, zur Hölle. Die anderen Menschen, sehe ich, machen es genauso. Unter dem wütenden und vogelleeren Himmel jammern wir und tanzen und schütteln unsere Köpfe. Wir knistern vor Krebs, wir zischeln vor Synergismen. Scheu schielen wir auf zur Sonne, zum himmelfüllenden Ziel. Ich vertrag das natürlich, aber für die Menschen ist das Selbstmord. Wartet, will ich rufen. Noch nicht. Seid vorsichtig – ihr werdet euch weh tun. Bitte. Bitte versucht es und bleibt noch ein bißchen.

Bald wird es euch nicht mehr geben, und ich werde allein sein, für immer.

Ich… ich bin der Unsterbliche.

panther

Eine Auswahl

Edward Abbey
Die UniversalSchrauben-SchlüsselBande
Öko-Thriller (5895)

Thommi Bayer
Eine Überdosis Liebe
Von einem der auszog...
(5656)
Einsam, Zweisam, Dreisam
Eine beinah «himmlische» Liebesgeschichte
(5958)

Peter Carey
Bliss – Das Paradies umsonst
Drei Leben und der Typ von nebenan
Roman (12273)

Aidan Chambers
Fingerspitzengefühle
Roman (4795)

Jean Claude Charles
Manhattan Blues
Paris / New York – Reisen mit und ohne Rückfahrkarte
(12181)

Jane Cousins
Make it happy
Das Buch über Liebe, Lust und Sexualität für Anfänger, Ratlose, Draufgänger
(4495)

Rudi Finkler/Nikolaus Hansen
(Herausgeber)
Unbändig männlich
Ein Lesebuch für halbstarke Väter und Söhne
(5167)

rororo

C 2325/2

panther

Eine Auswahl

Anna Rheinsberg/Barbara Seifert (Herausgeber)
Unbeschreiblich weiblich
Texte an junge Frauen (4881)

Marion Rollin/Hartmut Klenke
Schwankendes Glück
Das Buch zum Thema Alkohol (5405)

Marcelo Rubens Paiva
Sprung in der Sonne
Eine Jugend in Brasilien (5708)
Jenseits der 4. Jahreszeit
Blackout. Roman (12117)

Herrad Schenk (Herausgeber)
So nah und doch so fern
Die Geschichte mit den Eltern (5670)

Michael Thelwell
Sag Babylon, es wird noch von mir hören
The Harder They Come (5782)

Hubert Winkels
Liebesexpress
Ein Kontaktanzeigen-Reigen (5572)

Klaus-Peter Wolf
Dosenbier und Frikadellen
Roman (4678)

Renée Zucker/Enzo Briketti
Hungrige Herzen
Romanze in Technicolor (5587)

rororo

C 2155/5 a